幻の韓国被差別民

「白丁《ペクチョン》」を探して

原風景

ひどく細い路地を子どもたちが走ると、ドブ板のコンクリートがぽこぽこと間の抜けた音をたてた。

決してぼろを着ているわけでもないのに、その服は汚れている。兄弟姉妹が多いので、母の目がその子たちにまで及ばないのであろう。その母も、子どもの学校が休みだというのに仕事を休めないでいる。それを子どもたちは、時々は寂しく思うことはあっても、周囲も同じような境遇だったから、走り回っている間はそう寂しく感じることはなかった。

子どもたちが走り回っている周囲にある店先には、人の背丈よりも大きな真っ白い牛の枝肉がいくつもぶら下がっていた。肉が白く見えるのは、全体についている皮下脂肪のせいだ。

店の中では、前腕の異常に発達した男たちが、小刀からチェーンソーまで持ち出しながら次々とその枝肉を解体していく。環境改善のため建物の前に敷かれたアスファルトは、そうした肉店から出る牛の脂と血のために黒ずみ、歩くとにちゃにちゃと音をたてた。そこでは朝になると決まって、近くの屠場《とじょう》から牛や豚の悲鳴が、異様な脂と血の臭いに混じりながら、風にのって運ばれてくる。

枝肉から取り除かれたアバラや大腿などの骨は、「ほねや」と呼ばれる処理業者が取りに来るまで、プラスチックのかごに入れて店先に放っておかれる。そうした骨片にはそれでも、少々の脂身や赤身の肉がまだくっついたままになっている。

その大腿骨にまだ付いている赤身の肉を、一人の子どもが、千切るようにしては、その小さな手のひらに集めていた。たくさんとれたら、辺りにいる野良犬や野良猫にあげようと考えたのだ。その子はいつもそうして、独りで野良犬や野良猫を餌付けして楽しんでいた。その子どもが、わたしだった。

集めた肉片の脂で手がにちゃにちゃしていたが、手のひらにのせた肉片をぎゅっと握ると、近くの猫にそれをあげようと方々を歩いて周った。しかし満腹なのか生肉は好みでないのか、野良猫たちはそれを食べなかった。しかし、路地の子どもたちみんなで飼っていたムクという野良犬だけは、肉片を全部食べた。

長い時間生肉を持っていたためににちゃにちゃした手のひらを、わたしはズボンに擦りつけるようにして拭いた。

このような、日本の主に関西地方の被差別部落民によく似た存在なのが、韓国で「白《ペク》丁《チョン》」と呼ばれた人々であった。白丁とは、日本の被差別部落民と酷似した、韓国の被差別民のことである。

かつては家畜の屠畜やカゴ作りを専業とし、人間ではないと一般に認識されていた、賤民の中でももっとも底辺に位置した人々のことである。

初めてわたしが白丁の存在を知ったのは、いつのころだったかはっきりしないのだが、一〇代のころなのは確かだと思う。どういう状況で知ったのか、正確なところは忘れてしまったが、生まれ育った大阪は同和教育が盛んだったし、中学生の時、部落解放研究部というクラブに所属もしていたから、そこで知ったのかもしれない。

また、大阪のある被差別部落の高校生の集まり「高校生友の会」に参加していたから、そこでの話として聞いたのかもしれない。高校生友の会は、略して「高友」と呼ばれていた。

これらの活動は、人権団体が主に地元青年の育成を目的に主催している集まりだった。活動内容は、夕食後に同じ地区出身の高校生たちが地元の公民館に集まり、学校の宿題や勉強などをするというだけのものであった。理解ある教師が毎回、交代で勉強を見に来てくれた。だからテスト期間中はたいへん助かるのだが、それ以外では、週に一回は体育館でスポーツをして遊んだりした。また季節によっては遠足やスキー、そして冤罪事件の現地調査やデモ行進などでも動員されることがあった。

そんな路地の運動家たちには、被差別部落の若者の団結心を育てたいという思いもあったろうが、地区内の低い進学率を改善するという目的もあった。「高友」に通う少年はたいてい学力が低かったし、家庭の事情で自宅に居場所のない子もいた。スキー合宿などについては、行政から補助が出ていたため、後年はその点を批判されることがあったようだ。

しかしわたしの世代までは、参加していた少年の半数以上は、プライベートではスキーどころか、どこか旅行に行けるような家庭環境にはない子たちであった。実際、わたし自身がそういう境遇にあった。だから批判は大いに受けるにしても、そうした行事については感謝している。

わたしは「高友」に通っている少年たちと同じ地区の出身ではなかった。六歳のころに生まれた路地を出てからというもの、両親の離婚など家庭の事情で引っ越しが多く、わたしは部落出身でありながら地元というものをもっていなかった。そんなわたしの環境を理解して、その人権団体の支部は参加を快諾してくれたのだった。

自身のアイデンティティが芽生えてきていたのだろう、当時のわたしはそうした集まりに積極的に参加していた。そしてそこに、一般地区出身の子はほとんどいなかった。それでもわたしにとって、そんな人権全般の勉強は楽しいものであった。

午後八時ころに勉強が終わると、最後に三〇分から一時間、被差別部落や解放運動の歴史を中心とした人権問題を学んで会は終わる。こうした取り組みは、大阪の中でも各地区によって内容は若干違うのだが、わたしが通っていたその支部では週に何度かこうして集まっていた。

集まりの中での、簡単な人権の勉強会などで、韓国にも白丁という日本の被差別部落民と同じような存在の人々がいるのだと知ったのだろうと思う。一〇代のころのわたしは、そうした情報に接する機会が多かった。

しかし、そのときはただ「韓国にも同じような人々がいるのか」と思っただけで、とくに気にも留めていなかった。

やがて大学を出た後、わたしは一人で日本の被差別部落を取材するようになっていた。取材を始めるようになった直接のきっかけというものはなかったが、部落についての取材や執筆は誰もができることではなかったということと、そのためもあってかあまり報道されていないと感じたからだった。

そんな中でふと思い出したのが、少年の頃に聞いた、韓国の白丁だった。

もともと韓国は日本の隣国ということもあり、もっとも気になる国であった。そしてそこにも、日本の被差別部落民と同じような存在の人々がいるという。知ったときは気にも留めていなかったのに、気になりだすと「今はどういう状況にあるのだろう」と興味をもつようになった。

そこで、折に触れて資料を集めるようになったのだが、なかなか白丁について書いたものは集まらなかった。部落問題に詳しい人に訊ねてみても「韓国の白丁についてはよくわからない」と言うばかりだった。

そこで本腰を入れて調べてみたのだが、わかったことといえば、妙なことばかりだった。

どういうことかというと、「韓国には白丁などもういない」という主張が多いかと思えば、一方でそれを否定する人がいる。そんな韓国内での矛盾した反応について、どう考えれば良いのかわからなかった。とにかく曖昧な説明が多いと思った。

例えば、韓国で唯一、自身が白丁出身であると公表していた金永大《キム・ヨンデ》氏はこう書いている。

「日本の部落民は自分が部落民だとはっきりさせれば、就職や昇進および結婚について差別されますが、韓国にはそれはありません。たとえ自分が『白丁』の子孫であることがわかっても、それによって就職・結婚・昇進等において差別され不利益を被ることはありません。このような点では、日本では未だに差別が残っており、韓国では差別がないといえます。

しかし現在でも、観念的にはまだ『白丁』に対する差別意識が存在しています。ただ実質的に社会の中で誰が『白丁』で、誰がその子孫であるかが表れてこないだけなのです。しかし先祖が衡平社員だったことを明白にすることは、また違った次元で勇気がいることなので、多くの人がその事実を隠そうとしているのです」（『朝鮮の「身分」解放運動』解放出版社）

差別はないと言った後に「観念的にはまだ『白丁』に対する差別意識は存在していま す」と言ったり、先祖が「衡平社」という白丁解放運動に参加していたことを公表するには「また違った次元で勇気がいること」と言ったりと、どうも意味がはっきりしないように感じた。また韓国へは、日本の人権団体などが研修に何度も出掛けている。そこでも、

「話では『白丁』はもう存在しないし差別もないということだった」(『韓国における人権問題について学ぶ―人権の街　晋州を訪ねて―報告書』国際青年年記念大阪連絡会議)

という感想を記している。

しかしその一方で、韓国の社会派作家・鄭棟柱《チョン・ドンジュ》氏は、

「わが国では明かに都市部より農村部に行くほど『白丁』に対する差別意識が深く、そしてはっきりと残っています」

と断言している。

つまり、韓国内の主張を総合してみれば、「白丁差別はあるともいえるが、ないとも

いえる」ということになるだろうか。

実際に、韓国に出向いてフィールドワークをしたり白丁問題のシンポジウムなどにも参加している日本の研究者に訊いても、「今でも韓国に白丁差別があるのかないのかについては、よくわからないというのが実情」と話すだけだった。これはいったいどういうことなのだろうか。

要するに「現在でも差別があるのかどうか。さらには現代における白丁という存在についてさえ、よくわからない」というのが実情のようだ。

振り返ってみると日本には、消滅した被差別部落もあるが、依然として残っている被差別部落も多い。なぜ韓国だけが、このような状況にあるのだろうか。わたしはまずこの点に興味をもった。

そして数少ない白丁の資料を日本で読んでいて、わたしはさらに、一つの仮定に行き当たった。

部落解放運動は周知のように、日本においては戦後いち早く復活。部落解放同盟を主流とした解放運動には、政府も巻き込んでかなり熱心に取り組んできている。

逆に韓国では、戦前にあった白丁解放運動は消滅したままになっている。戦後も、人権について議論され始めたのは近年になってからだという。ということは、こと白丁についていえば、韓国はいわば「寝た子を起こすな」で戦後六〇年以上を過ごしてきたわけだ。

盛んに解放運動を展開してきた日本と、「寝た子を起こすな」と沈黙してきた韓国。この両国を比較することは、同時に部落差別というものからの解放について、二方向の答えを示すことにもなるのではないか。わたしはそう考えたのである。日本でも、このような運動方針を巡る諸団体の対立は久しい問題になっており、現在ではもう和解が困難な状況が続いている。

もし韓国で実際に取材してみて差別がない、またはほぼ消滅状態にあるのであれば、実は「寝た子を起こすな」の方が、部落差別をなくすのに効果的だということになるのではないか。

反対に、差別がなくなっていなければ、解放運動もそれなりの効果があるということになる。これはもしかすると「近くて遠い国」日韓の、部落問題を巡る二国間の、壮大なテストケースとなるのかもしれないと考えた。

もちろん、それだけで判断するにはあまりにも短絡すぎる。第二次大戦後に勃発した朝鮮戦争で全土が焦土と化し、二国に引き裂かれてしまった韓国と、米軍の占領下からいち早く復興した日本とでは、その戦後事情があまりにも違いすぎる。

しかし、どちらにしても、現代韓国の白丁を取材することは、今後、日本の部落解放はどういう方向を模索すればよいのか、そして部落差別とは何か、その解放とは何か、改めて考える良い機会になるのではないかとわたしは思い至ったのである。

海外にいると日本という国がまた違って見えるように、日本の被差別部落も海外から見れば、また改めていろいろと気づくことがあるかもしれない。それだけでも良い。そう思ったわたしは、韓国へと飛んだのだった。

しかしそのときはまだ、それから五年にわたって韓国に通うことになろうとは、想像もしていなかった。

第一章
現代の白丁

白丁なんてもういない

「昔の白丁は家畜を殺すことと売ることを同時にやっていたけど、今は別々にやっているから、だから印象といっても難しいですよ。白丁といえば歴史的な遺物、というイメージでしょうか。日本でいえば『奴隷についてどう思いますか』と聞かれているようなものです。だから、答えようがない」

高恵花さんはそう話すと、韓国を誤解しているおかしな日本人だ、という風に笑った。彼女は、わたしが最初に白丁について話を聞いた人だった。

金浦空港から、無機質な地下鉄に乗り込みソウル市街地に出る。服装が少し派手な印象を受ける以外、日本とは何ら変わらない。

地下鉄の駅から韓国の地上に初めて出ると、立ちすくむような寒気に包まれた。何もかもが凍り付いているかのようだ。滑らないよう、足元に気をつけながら宿まで歩いた。光化門に近い宿にカバンとノートを置いて、再び街に出る。

ハングルが氾濫していて、いったい何がどうなっているのか全く見当もつかない。店の看板だとはわかるのだが、字が読めないので、いったい何の店だか判別できない。店の扉は冬の寒さを遮断するため完全に閉じられており、中を見ることさえままならない。字を知らないということは、本当に不便なことだと思った。

面白いのでやたらソウル市内を歩いた。といってもソウルは広いから、だいたい東大門から南大門までの範囲を、それこそ何時間もかけて歩いた。そうしてしばらくしてからわたしは、知人を介して高恵花さんと出会ったのだった。

彼女は釜山出身でソウルの梨花女子大学卒、四一歳になる。夫は歯科医で、中三になる娘と小学六年の息子がいる。趣味で日本語を習っており、日本語が堪能なので通訳抜きで話ができた。どちらかといえば、韓国でも上流家庭の主婦といえる。白丁という言葉については、高校の歴史で勉強したから知っていると言った。

わたしは白丁のことを知りたくて韓国に来た旨を説明し、彼女に話を聞かせてほしいとお願いした。高さんは「日本人と話すのは日本語の練習になるからいいですよ」と快諾してくれた。

　白丁というのは、牛の屠畜を主に生業としていたので、そのため肉屋が白丁の象徴とされているといわれている。そこで「例えばお子さんが肉屋さんと結婚したいと言ったら賛成しますか」と、彼女に訊いてみた。

「わたしの子どもが、ですか。うーん。ずいぶん前の先祖が肉屋だったら関係ないですね。だけど相手のおじいさんが肉屋だったら問題です。相手の父親が何の職業に就いているのかも問題ですね。主婦同士でも、白丁の話なんかしないですよ。だって今の韓国には白丁なんかいませんからね」

　では、もし子どもの結婚相手が白丁の子孫だとわかったらどうですかと訊ねると、彼女は「そうですね、その場合は相手の職業によっては反対します」と答えた。じゃあ、白丁出身だけど、大企業のエリート社員だったら。

「いいですよ。まあ、相手の父親の職業とかもありますけど。白丁かどうかより、家柄の問題なんだと思います。先祖が白丁だからといって、職業が制限されているわけでもないし。肉屋さんがダメというのは、それが元々白丁の職業だからというのではなく、牛を平気で殺しているから。そういうイメージのためだと思います。田舎ではそういうイメージがまだあるかもしれない。ソウルでも、やっぱり結婚のときは相手のことを少し調べますね。でもプロの調査会社に頼んだりすることは少ないです」

　しばらく雑談の後、高さんは子どもを迎えに席を立った。小学生の息子を、車で送り迎えしているのだという。

わたしは、韓国在住のある日本人の話を思い出していた。

「韓国は白丁かどうかじゃなくて、職業で人を見るからね。職業差別はすごく強いよ。肉屋だからダメなんじゃなくて、他の職業でも肉体労働は全般的に低く見られるんだ。食堂なんかの飲食業への差別もきついしね」


次に話を聞いたのは、同じくソウル在住の李愛蘭さんだ。全羅南道・全州出身で、ソウルで日本語通訳のボランティアをしている。三一歳。景福宮でガイドの仕事中だった彼女と知り合ったので、話を聞かせてもらった。

「韓国は階級社会なので、お金があると地位が上がります。だから白丁出身かどうかなんて関係ないですよ。白丁差別なんて聞いたことないです。肉屋さんだって、お金持ちというイメージがありますし。

それよりも、韓国では村のことを『プラク（部落）』と呼びます。これは日帝（旧大日本帝国）が韓国の村のことを『部落』と悪い意味で使ったところからきていると聞いています。日本の白丁である『プラク』（被差別部落のこと）からきている意味なんでしょう？　これはひどいと思いましたね」

それから、彼女の紹介で学生から三〇代まで、八人の若者にも話を聞いた。

「現代に白丁？　もうありえないよ」

「白丁は学校で勉強して知っていますが、その他のことは知らないですねえ。白丁なんてこの現代韓国にはもう存在しないですよ」

「テレビの時代劇で見たことがあるくらいかなあ」

　話はいずれも、このようなものだった。

　その後もおりに触れて誰彼となしに話を聞いた経験でいうと、おそらく現代の韓国人の若者に訊ねたら、ほぼ全員がこのような答えになるのではないだろうか。

　韓国人は話すとき、きっぱりと断言することが多いので、やはりもう白丁問題など韓国にはないのだと初めは思った。わたしはいろいろな人に話を聞けば、それでこの取材は終わると気楽に思っていた。だからこうした反応については素直に「そんなものか」と捉えていた。


　ところで日本の被差別部落のことを東京に住む人に訊いても、大体が無駄に終わる。なぜかというと、東京のような大都市には、ある意味で被差別部落などというものは存在し得ないからである。各地方から人々が集まることで、昔ながらの部落など残ることができないからだ。

　とはいえ東京も広いから、被差別部落はいまも少数ながら存在している。しかしそれを知る者は、せいぜい付近の昔ながらの住民たちと郷土史家くらいだろう。

　このように大都市において、被差別部落が見えなくなる理由の一つには、住民の多くが地方出身者であるということが挙げられる。

そもそも、先祖代々東京出身というのは、実は江戸時代からそう多くないことがわかっている。部落の少ない東北地方出身者も多く、しかも西日本出身者でも同和教育を受けていない人は、被差別部落の存在は知っていても、それが何のことなのかわからない人も多い。東京の被差別部落自体が、地方の被差別部落や一般地区からの移住者でその大半を占めているといわれているほどだ。

だから今回の取材とは反対の例で、外国人が被差別部落の取材のために東京に来ても、公式なこと以外は何一つわからないかもしれない。もし日本で部落の取材をするならば、解放運動の盛んな西日本のどこか象徴的な町に行くほうが良いに決まっている。これは、韓国でも同じことがいえるだろうと、それは初めから予想していた。

しかし、だから日本の東京にあたる首都ソウルで取材することは無意味なのかといえば、そうではない。

「東京は日本ではない」という言い方がある。しかし、それでも「東京は日本」だし、同じく「ソウルも韓国」だ。もしかしたら、地方以上に象徴的といえるかもしれない。だからソウルでの聞き取りは、無駄かもしれなかったが、それならそれで「無駄だ」という答えが必要だと思った。

住んでいる人のほとんどは地方から来た人だし、日本のように白丁の存在を一笑に付す人も多いかもしれないが、それでも韓国の象徴としてのソウルに取材することは、意味のあることだと考えたのである。

つまり、ここで話を聞くことは「無駄だ」ということを証明するために、わたしはソウルに滞在しているのだといっても過言ではなかった。

しかし、その後のソウルでの体験は、わたしの想像を超えていた。

韓国最大の肉市場

ソウルでのある夜、屋台の呑み屋で、焼酎の杯を傾けていた。

その店の店主であるおばさんは、客の呑み残した焼酎をまた瓶に戻して、それを次の何も知らない客にまた出していた。

それを見て自分の呑んでいる焼酎を気味悪く感じたが、もう遅かった。仕方ないのでそのまま呑む。

隣の椅子には、昔の日活映画に出てきそうな、黒の革ジャンに黒いズボンと黒尽くめの男たちが数人座っていた。リーダー格の高倉健に似た男が、舎弟らしき男に、顔や首を拭かせていた。自分は黙々と杯を傾け、舎弟はその兄貴分の顔や首筋を甲斐甲斐しくせっせと拭いている。

その屋台を出て、「肉市場」に向かって歩く。それは、肉は肉でも「人肉市場」の方だった。

韓国では、売春街のことを「人肉市場」と呼ぶことがある。その名の通り、そこでは肉屋で使う赤いランプに女性たちが照らされている。豊胸手術を施した女性たちは、ライトに照らされて真っ赤に映る。派手な化粧をほどこした彼女たちは室内にいて、呼び込みの老婆が路上に出て勧誘に精を出していた。

しばらく見ていると、日本人とわかった途端、呼び込みを激化させる店と、扉を閉めてそっぽを向く店と、二つにきれいに分かれることがわかった。日本人を拒否するのは、韓国人としてのプライドからなのだろうか。

後日、韓国初の女性警察署長がマスコミを引き連れてこの売春街を説教して歩いているのをテレビで見た。女たちはテレビカメラに顔を撮られまいとみんな床に伏せているから、自然と署長に土下座しているように見える。その上から、女性署長がテレビクルーを引き連れて説教して回っているのだった。わたしはよくこのような光景をテレビで放映するなと思った。

しかしそれでは、手首にはめた手錠にボカシを入れる日本は、人権意識が進んでいるといえるのだろうか。それを「進んでいる、先進国的だ」というのは、一種の狂気なのではないかとさえ思った。


数日後、今度は本物の肉市場に出かけた。

地下鉄・馬場洞《マジャンドン》駅。ここから五分ほど歩くと、目的の肉市場に入る。通訳兼案内人として、韓国在住日本人O氏が一緒に来てくれた。

馬場市場

馬場洞駅から地上に出た雰囲気は、うらぶれた工場街という感じだ。鉄工所や木材を積んだ小さな工場が並ぶ通りを、ブラブラと歩いて市場に向かう。いくつかの角を曲がると、そこが肉市場だった。路面が黒く濡れているから、それとすぐにわかった。

馬場市場はとても広く、そしてとにかく一面が真っ赤だ。

一軒あたり三メートルほどの幅の肉店がずらりと、彼方まで並んでいる。道は何本かに分かれているが、どこを曲がっても肉屋である。いったい何軒あるのか見当もつかない。

「東洋一」と韓国人が言うだけあるが、もしかしたら世界一の肉市場かもしれない。本当に肉屋しかないのだ。ここまで密集していて商売になるのかと心配に思うほどだ。

元々、韓国は衣料なら衣料、家電製品は家電製品と、同じ業種の店が一カ所に集まっていることが多いのだが、肉屋だけがこれほど集まっているというのは驚きだ。食材は普通、市場などに総合的に集まっているものだと思っていた。

馬場は、赤いだけではない。その辺の路上に置いてあるタライの中にはくねくねと豚の小腸や牛の黒い胃袋がうねっている。心臓、胃、肝臓など、ありとあらゆる臓器が幅を利かせている。

茶色い胆嚢が干してあるところなど、日本でも今は見られないノスタルジックな光景だと思う。大阪の被差別部落の肉屋でも、かつてこうした風景があった。胆嚢は薬になるし、量が取れないので貴重品でもある。この牛の胆嚢は、牛の解体を専門に行うサルキというネパールの被差別民たちも、薬として重宝していた。

牛の大きな肉付き骨盤に、テール（尻尾）とその先っぽの毛まで付けて置いてある。そしてその横には、毛を剃ってつるんとなった牛の顔が置いてある。目を閉じてちょこんと舌を出しているところは、見慣れていないこともあってか、不気味な印象を受ける。

豚はといえば、とにかく顔だけが無数に並んでいる。切り取って毛を炙《あぶ》り、崩れないように加工した豚の顔がずらり並んでいるのだ。これは祝い物で、なんでも笑っている顔の豚は縁起が良いのだそうだ。その意はわかるが、豚の顔を食べる習慣がないので、どうしても違和感がぬぐえない。肉屋だった親父が密殺した豚などを幼い頃から見慣れ

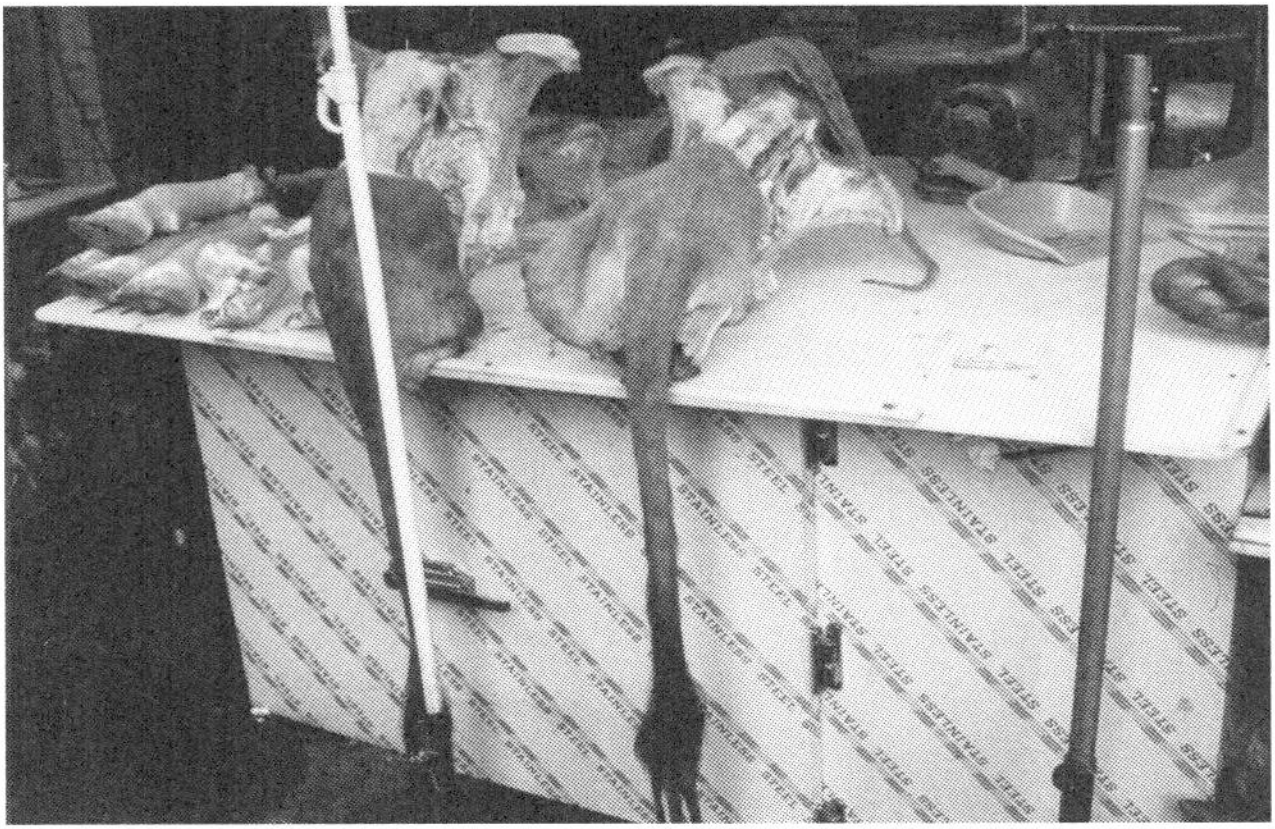

ているわたしでも、この馬場の肉市場では圧倒されてばかりいる。

　だいたいの店は、豚屋、牛屋などと専門的に分かれている。精肉はどこも扱っているが、その中でも豚足や内臓ばかり扱っている店もある。一見すると同じように見えるが、よく見ると専門があるのだ。

　その中に、脳みそだけの専門店があった。牛の脳を一五個くらいベニヤ板の台に並べてあり、その店の商品はそれだけ。店番のおばさんはテレビを鑑賞中だ。

　市場の全体的な規模は、一キロメートル四方くらいだろうか。広いので歩くだけで疲れる。曲がり角を折れ、高架下をくぐるが、それでもまだ肉店は果てしなくつづいていた。

　それぞれの店の向こうには、高層アパートが見える。そこは最近まで屠場だったが、近年になって廃止され、その跡地に高層アパートが建てられた。これは韓国では高級マンションにあたるそうだが、肉市場に接しているので、他の場所よりも少し相場が安いという。

わたしは、白丁が肉の仕事に専従していたという歴史的事実から、今でも食肉関係の人たちに対する差別があると考えていた。話によると、韓国では職業差別の中でも特に肉屋など、屠畜に関わっている人々への嫌悪が激しいとも聞いていた。

これは、過去の白丁差別からきている。六〇年前には確実に存在したという白丁が「古い時代の遺物」として葬り去られるのには、どう考えてもまだ時間が足りていないのではないか。白丁がいた時代を生きた人がまだ存命なことを考えると、それが自然ではないかと思う。

しかし、確証は非常に得にくい。どうしたら良いのか全くわからなかったので、何か手がかりがあればと、とりあえず「東洋一の肉市場」と評される馬場に来てみたのであった。何をするということもない、ただぶらぶらと歩いていただけだ。

市場をまわって概要を把握した後、わたしはカメラを持ち出して写真を撮り始めた。珍しいのか、店の中で包丁を振るっていたおじさんまで見に出てくる。わたしは夢中になってカメラのシャッターを切った。

すると、表に出てる売り手のおばさんやおじさんが何か話しかけてきた。笑顔でわたしも気さくに応対する。しかしハングルがまったくわからないので、何を言っているのか判別できない。しかし、すぐに何か様子が変だと気付いた。

そこで、案内してくれていたO氏に「彼らは何て言ってるんですか。いらっしゃいませって言ってるんですか」と尋ねた。

「いや、『お前ら何しに来た、とっとと出て行かないとブチ殺すぞ』と言ってるんですよ」

O氏は困ったような顔でわたしに言った。

え、と思ってファインダーから顔を離すと、確かに店員の顔が険しい。男は出刃包丁をしっかり握って胸の前でかまえている。撮影に気をとられていたので、まったくその場の雰囲気をつかめていなかった。

O氏がその包丁を持った男と二言、三言交わして事態の収拾をはかるが駄目だ。ぞろぞろと他の店からも男たちが出てきた。

「なんて言ったのですか」

「あなたが日本の肉屋の息子で、韓国の市場を見学しに来ただけだと説明したんだけど、納得してくれないね。完全にマスコミだと間違われてる」

マスコミといえばマスコミなのだが、二人とも取材という意識を持っていなかったので、周囲の反応に面食らってしまった。わたしが肉屋の息子、というのは間違いないのだが、もうこうなってしまえばすべて無意味だ。相手にはただの言い訳に過ぎない。

「しかし、肉を撮るのがそんなに怒らなきゃいけないことですか」

「わからない。とにかくすごく怒ってるから、何か買って収拾つけよう」

O氏がさっと目前にある一軒の店に行って肉の塊を求めるが、おばさんは烈火のごとく怒って売ってくれない。すでに遅かった。

O氏は、諦めずにさっきと違う店で何かを買おうとしている。さらに、この場に及んで値引き交渉もしているようだ。

その間にわたしは、あっという間におばさんたちに囲まれてしまった。その輪を遠巻きにして、包丁を持った男たちが取り囲む。何を言ってるのかまったくわからない。この場合はわからない方が良かったかもしれない。

どん、と胸を突き飛ばされた。

どうやら、わたしはとんでもないことをしてしまったようだ。日本でもほとんどの屠場で、従事者の写真撮影は禁止されている。わたしはあまりの肉市場の大きさに興奮してしまい、「肉を撮るだけで、人を撮らなければいいだろう」と簡単に思っていたが、そんなことは相手にはわからない。無遠慮にカメラを向けすぎてしまったのだ。

それにしても、ここは実際に牛などを屠畜している屠場ではなく、ただの肉市場である。肉市場を撮るだけで、ここまで怒るものだろうか。

そのとき、値引き交渉を終えたO氏が戻って来てくれた。

「大丈夫ですか。やっと買えたよ。これで三万ウォン（約三千円）は安いと思うけど、日本ではどれくらいかな。上原さんは肉屋の息子なんだからわかるでしょう」

Ｏ氏の落ち着きには感心したが、今はそれどころではない。

「もう行きましょう。ちょっと申し訳ないことしたみたいだから、今日はこれでやめておきます。場所も教えてもらったし、また出直します」

「そうね、それがいい。買っても全然許してくれなくなってるから」

足早に、わたしたちはその場を離れた。振り返ると、まだ一〇人ほどの人が店から出てわたしたちをにらみつけていた。

裏通りの屋台に入って一息つくと、わたしはＯ氏に言った。

「あの過剰反応はやっぱり白丁差別のせいじゃないですか」

「いや、そうじゃないよ。この韓国では八百屋さんでも同じ反応したと思うな」

「八百屋ですか。そうかなあ。そんなことないでしょう」

「韓国では特権意識からくる職業差別がひどいからね、日本とは全然違うんだよ」

そうなのだろうか。そこにある現象だけを見るとわたしの思っていた通りなのだが、こうして人に話を聞くと即座に否定されるので、どうもわからなくなる。

ではは韓国では、八百屋を写真に撮ると包丁をふるって

血は固めてスープなどに入れる。
馬場市場にて

抗議されるのだろうか。確かにそういう人もいるかもしれないが……。

わたしたちが一息ついた屋台は、さすが肉市場に隣接しているだけあって、出すのも肉料理ばかりだ。三〇代後半くらいのまだ若いおばさんが店主である。夫とは死に別れたという。韓国では、こうした屋台を開いている女性は夫と離婚したか、死別した未亡人が多いと聞く。

「ほら、韓国では食堂も地位が低いから、離婚した人とかが、こうして食うために屋台をやってるんだ。さっきの肉屋さんも地位が低いから、写真とかは嫌がるんだよ」

そう言って、Ｏ氏が食堂のおばさんの身の上を聞いたところ、夫とは死に別れたのだと言った。とりあえず牛の内臓の刺身、それに焼酎を注文する。

Ｏ氏とさっきの小さな事件について話していると、一人のおじいさんが入ってきた。わたしたちをじっと見ている。

Ｏ氏は困った顔で、

「日本語で話しているから、目立つんだよね」

と言った。そういうものかと特に気に留めなかったが、しばらくするとおじいさんが何か、激しい口調で店のおばさんに喋り出した。

「なんて言ってるんですか」

「うーん。こいつらは韓国人のくせに、なんで日本語で話してるんだって、怒ってる」

浅黒いＯ氏は東南アジア系に間違えられることが多いというし、わたしは「韓国人に

馬場市場で豚足を売る女性

しか見えない」という評価を、聞き取りした韓国人からもらっていたので、日本人に見られなかったのも無理はない。

「在日と間違えられたんだな」

日本では「在日朝鮮人」と言われ、韓国では「キョッポ」と言われる在日韓国人。延世大学の語学堂へ留学している在日の子弟や日本人たちも、このように「韓国人のくせに日本語を話してる」と言われることも少なくないという。直接言われなくても、そう思われることは多いのだろう。

やがておじいさんは、わたしたちに向かって直接、激しく野次りだした。O氏が対応する。

「ぼくが在日じゃないって言ったら、日本人は大嫌いだって。なんでもおじいさんの親父さんが、日本人に殺されたみたい」

……俺は今でも日本語は話せるが、日本

語なんて話したくもないし聞きたくもない。俺の親父は日本の軍人になぶり殺しにされたんだ。それから俺はどんなに苦労したことか。お前らにはわかるまい……。そういうことを、おじいさんは激しい口調で語った。

「よくあるよ、こういうことは。上原さんは初めてかい。ぼくなんかはしょっちゅうだよ。今なんかもう、反対に楽しんでいるけどね」

楽しむどころか、再び面食らったというのが正直なところだ。肉市場から拒絶されて屋台に転がり込んだら、今度は第二次大戦時の遺恨でからまれるのだ。

「なんだ、今の日本は。おざなりな謝罪だけしていつまでもウリナラ（わが国）をコケにして。日本人の観光客を見るとまったく嫌気がさす。あのえらそうな態度はどうだ、何様のつもりなんだあいつらは」

おじいさんの恨み辛みは絶えることがない。しばらくして、O氏が言った。

「あなたはどうなの。日本人として、謝らないの」

「謝らないですね。ぼくらの世代には関係ないことでもあるし。ただ、そう謝らないことにこだわってるわけでもないですけど」

「ぼくは謝らないよ。だって、殺人犯は確かに悪いけど、その子どもに罪はないもんね。でも謝る人の気持ちもわかるから、それを批判したりはしないけど」

もう出ようか。立ち上がると、おじいさんは慌てて制止した。

「なぜもう帰るんだ。気を悪くしたのか。つい短気を起こして日本の悪口を言ってしまったが、それで気を悪くしたのか」

これにはまた驚いた。あれだけ罵詈雑言を言っておいて「気を悪くしたのか」もないものだが。とりあえず「いや、そういう訳ではないです」と取りなしても、おじいさんは落ち着かない。わたしは笑顔で握手しながら、

「今日は良い話を聞かせてもらいました。これからの日本に役立てたい」

そう言うと、「そうか、それならいいが」とやっと納得した。まことに韓国らしいというか、確かに多情な国だなと思った。

昔話の白丁

ソウルでの、いくつかの聞き取りからわかったことは、現代韓国人が白丁と触れる機会があるのは、テレビの時代劇や昔話、それに学校の授業であるということだ。学校へは後に訪れてみることにして、まずは韓国の昔話に出てくる白丁はどう描かれているのだろうか。ここでは簡単に、白丁にまつわる昔話を見てみたい。

日本人観光客が比較的よく接する韓国の昔話といえば、仮面劇であろうか。例えば、韓国の河東近郊にある河回《ハフェ》村では、今でも伝統的な仮面劇が見られることで有名だ。この仮面劇にも、白丁はよく登場する。

白丁の登場する劇で多い内容は、両班《ヤンバン》（貴族）に対する皮肉や風刺の場面である。庶民はこうした劇をとおして、不公平な生活に対する不満を発散してきたのだろう。こう

した点はメキシコの「ルチャ・リブレ」というプロレスにも通じるところがあり、世界共通なのかもしれない。ルチャは元々、侵略者であるスペイン人に対する不満から派生した一種の抵抗文化と呼べるもので、ルチャ・リブレとはスペイン語で「自由への闘い」という意味をもつ。

長くない仮面劇を一つ、それと昔話を二話紹介してみたい。仮面劇はその地方（ここでは慶尚北道）の方言で語られるため、実際はかなり訛った台詞《せりふ》で演じられている。

仮面劇「白丁マダン」

白丁の仮面を被った役者が包丁や斧などを入れた網を背負って登場する。同時に牛も登場、本能的に白丁は牛に抱きつこうとするが、抵抗されて放り出される。

白丁「畜生め。あの野郎（牛のこと）、あそこにいたのか！　あいつを捕まえて、ここで宴会をしよう。しかしあいつの金玉は大きいなあ。あれを切って食べたら、すごく精がつきそうだぞ。ウハハ」

牛を捕まえようとして放り出された白丁は、起きて斧を振り回して牛を殺す。次に包丁を研いで牛の皮を剝ぎ、内臓を取り出して大きい声で笑いながら踊りだす。

「ちょっと先生（両班のこと。この場合は観客に言っている）、見てよ。この金玉買ってよ。まだ温かいから、このまま生で食べてもいいよ。この牛の金玉が一番、精がつくんだよ。誰も買わないのかい？　金玉を買わない、胆嚢（良心の意）と金玉のない両班たち。買って身体に入れてみてよ。良心のない両班には良心がつきます、なんてね。へへへ。

　ここにいる両班たち（観客のこと）はみんな、五臓と胆嚢のある両班みたいだなあ。じゃあ今度は金玉じゃなくて、ウランを買って食べてよ。え、ウランを知らないのかい？　牛のチンチンのことだよ。味もいいし精もつくよ。年寄りの両班と若い奥さんが一緒に住むには、この牛のチンチンくらいじゃ無理かもしれないけどねえ。まあ他の人は気にしないで、早く買った買った。自分のお金で精をつけるのに、誰の目も気にすることたあないよ、へへへへ。孔子のような偉い人も、子どもをつくってきたじゃねえかい。子どもをつくるには精をつけなきゃいけないよ。

　あーあ、まったく、あんたらの体面のせいで、この商売つぶれちゃうよー。商売にならねえなあ。仕方ないから、踊りだけ踊っていこう」

　そう言って、包丁を振り回しながら踊る。そこへ雷が鳴ったので、びっくりした白丁は退場する。

昔話一「同じ二斤」
　あるところに、鄭という白丁が肉屋をやっていた。そこへある日、二人の両班が肉を買いに来た。

一人は「おい白丁、肉を二斤くれ」と乱暴な言い方だった。しかし、もう一人の両班は「鄭さん、肉を二斤ください」と丁寧に言った。すると出された肉は同じ二斤にもかかわらず、丁寧な両班の肉はもっと大きく見えた。

先の乱暴な両班がそれを見て怒ると、白丁はこう言った。

「もちろん二つともわたしが切ったのですが、お客さんの肉は白丁が切った物です。後の人の肉は鄭が切った物です」

昔話二「ポンハ郡ムルリャ面の話」

昔々、貧乏な両班チンサ（両班の階級名）と金持ちの白丁が住んでいた。チンサは本ばかり読んでいて、仕事をしなかった。

ある日のこと、チンサは貧乏に耐え切れなくなり、白丁の家を訪問した。チンサが言うには「わたしと一緒に仕事をしよう」。しかし白丁はそれを拒否して言った。

「チンサ様、それはとんでもない話です。わたしがチンサ様の家族の面倒をみますので、勉強に励んでください」

白丁がそう言うものだから、チンサはクンガン山に入って一〇年間勉強し、監司（役人）になって帰ってきたのだが、反対に白丁の方は貧乏になっていた。貧乏になってしまった白丁は監営に勤めるチンサに会いに行ったが、何度も門前払いされた。ようやく会えても、チンサは冷たくあしらった。白丁は追い出され、悔しくてしょうがなかった。

　白丁が家までの道をとぼとぼと帰っていくと、家は火事ですっかり焼けてしまって、家族たちもどこに行ったのかわからなくなっていた。白丁は灰の上に座り込みながら、土を叩いて悔しがって泣き叫んだ。近所の人の話ではチンサが人に命令して火をつけたのだという。

　そこで白丁は復讐するために、クンガン山に一〇年こもって剣術を学んだ。山を降りようとしたとき彼の師は彼に刀をわたしながら、「この刀を使うときは何度も考えてから使いなさい」と白丁に言った。

　そしてクンガン山から降りてきた白丁は、チンサの家の前に立った。憎しみは頂点に達していた。チンサはその後、出世して非常に地位の高い人になっていた。白丁は夜になるのを待って塀を乗り越えた。そして戸を蹴倒して飛び込もうとしたところで、師の言葉を思い出し、少し考えた。すると、チンサが家の中から現れた。

「君、本当に久しぶりだね。君は今夜、わたしを殺しにきたのだな。まずは家に入りなさい、話をしよう」

　そして二人は家の中に入った。すると部屋の中には死んだはずの家族が嬉しそうに座っていた。チンサはゲラゲラ笑いながら言った。

「君はずいぶんわたしを恨んできたね。一〇年前に君がわたしに会いに来たとき、わたしが親切にしていたら君は一生、白丁として生きていくことになっただろう。だからわざと冷たくしたんだよ。君はすべて変わることができたのだから、明日からは兵の教育係の将軍として、国と百姓のために忠誠を尽くしてほしい」

白丁はチンサの深い意に感謝し、嬉し涙を流した。こうして昔、貧乏だったチンサは高い官職に就いて幸せに暮らし、卑しく差別されてきた白丁は立派な訓練将軍となり、一生懸命忠誠を尽くし、これもまた幸せに暮らしたという。

このように仮面劇や昔話は共に、当時の権力者への風刺になっているが、ここで興味深いのは最後の「ポンハ郡」の昔話だ。

ここでは最後に、白丁がその死に物狂いの努力により訓練将軍となり、白丁身分から解放されたかのように描かれている。

しかし、このようなことは実際にはほとんど有り得ない。白丁は、いつまでも白丁のままなのだ。うがってみれば、この種の昔話は、白丁が白丁でいるのは彼らが怠け者だからだとする意味にもとれる。

日本と違い、韓国の大河小説やテレビ・ドラマで、白丁が取り上げられることは少ない。いずれも時代劇の脇役としての他に、白丁であることの悲哀をテーマにしていることが多い。

かわいい白丁

日本ではネット上のさまざまな差別的落書きが問題となっているが、韓国のネット上では「白丁」はどういう存在にあるのか。まずは試みに「白丁」という語句で検索してみた。

韓国の検索用ホームページから検索した結果、「白丁」という語句には一五七九件がヒットした。しかしそれらのほとんどは同音異義語で、意味がない。本当の白丁の意味でヒットしたのは、約二〇〇くらいだろうか。

その中で目立ったのは、さまざまなホームページ内にある掲示板による書き込みだ。主だったものを挙げてみると、

「フセイン　人間白丁　金正日」

「人権を踏みにじる人間白丁・金正日の奴を殺そう！」

「S（人名）白丁の奴にはギロチンが薬だ」

他の落書きも同じようなものだが、特徴としては、ほとんどが北朝鮮関係への罵詈雑言として使われている。これは以前に北朝鮮と誹謗合戦になった折、双方で「人間白丁」または「人間白丁北傀！」などと非難し合って以来の伝統を踏襲しているのだろう。

また一九八三年の大韓航空機撃墜事件では、民間航空機を撃墜した旧ソビエト連邦に対しても「人間白丁ソ連」というスローガンが出現したという。

最近では、二〇〇四年に韓国の新千年民主党党首に対して「血の汚れた人間白丁」とネット上で誹謗中傷の書き込みをした男が名誉毀損で告訴されている（朝鮮日報）。

この「人間白丁」という言葉は、つまり「お前は人間なのに白丁みたいな奴だ」という意味で、白丁は人間と見なされていなかった証左となる言葉だ。

これは日常的に韓国内で今でも使われており、例として挙げたホームページでの検索結果でも、こうした書き込みでは誹謗中傷としてよく使われている。掲示板の書き込みを読むかぎりでは、日本と違って差別というよりも、侮蔑のための一つの固有名詞と化しているようだ。

それを強烈に感じさせる象徴的な記事を、ネット上で見つけた。

それは、韓国のあるスポーツ新聞のホームページだった。『同じ年の家庭教師』という映画の宣伝広告である。


「白丁キム・ハンヌは、闘鶏クォン・サンウをギュッと捕まえた。

勉強部屋は屠殺場、勉強が死ぬことよりも嫌いな問題児の闘鶏。そして成績向上に命を賭けた、家庭教師のかわいい白丁！」


この映画は、わたしも二〇〇三年に韓国内で見た。

内容は、落第してばかりの金持ち不良高校生に、彼と同じ年齢の女子大生が家庭教師に就き、やがて二人は恋に落ちるというもの。家庭教師役のキム・ハンヌ、高校生役のクォン・サンウともに韓国内で人気のある俳優だ。つまり美男美女が主役の、いわゆる青春映画である。

この宣伝文をそのまま日本で例えるなら、キム・ハンヌは「かわいいエタの娘」となろうか。こうした表現は、日本においては大きな問題となるのは確実だ。韓国らしい直接的な表現だといえる。

ただし、無作為に行った聞き取りでもわかるように、韓国と日本は確かに近い国ではあるが、白丁と日本の被差別部落民がおかれている社会的状況はまったく違うので、これをもって日本と韓国を単純に比較してしまうと、大きな誤解を生じることになる。

それにしても、アイドルに対して皮肉でなく「かわいい白丁！」と表現する感覚からは、現代では白丁などというものを完全に意識していないということがわかる。現代韓国における白丁の存在のありようを、如実に現しているといえよう。

つまり「白丁という存在は完全に過去のものである」という認識なのだ。この意識はこれまで行ってきたいくつかの聞き取りでも現れている。

さらに日本と違う点は、先の昔話でも触れたように、韓国では白丁が主役や脇役として出てくる時代劇ドラマや映画が多いという点だ。こうした白丁をテーマにしたドラマや映画ついて韓国では、日本とは比較にならないくらい自由に放映されており、ときには欧米で賞もとっている。

例えば、白丁がテーマの作品といえば大作『林巨正』がまず挙げられる。韓国では大変よく知られている大河小説だ。

この林巨正という人物は、一五〇〇年代に実在した人物で、彼は京畿道、黄海道一帯の役所を襲って腐敗した役人を懲らしめ、食料庫を民衆のために開け放った義賊として語り継がれている。彼は白丁出身であったが、義賊として活躍した後、一五六二年に捕らわれて処刑された。

またこれと同じようなストーリーでは、賤民の芸人集団である才人《ジェイン》出身の義賊『張吉山』の話も有名である。いずれも映画やドラマ化されている。

その他では一九九三年に公開された『サルオリラッダ』（英語タイトル『I WILL SURVIVE』）という映画がある。白丁村に住む首切り処刑人が主人公という異色作だ。

ストーリーは、処刑が決まった父の首を切り、体をきれいに洗ってくれと依頼に来た両班の娘に、白丁の処刑人マンソクが恋をするところから始まる。彼は両班に恨みを持っていたこともあり、その美しい彼女を強姦してしまう。しかしその後、奴婢《ノビ》に没落したその女を人身売買人から助けだした後、彼女と家庭をもつようになるが、最後は悲劇的に終わるというもの。かなり暗いストーリーだが、この映画で主人公を演じた俳優イ・ドクファは第一八回モスクワ国際映画祭で主演男優賞を受けている。

他に海外で受賞したドラマとしては、二〇〇〇年の正月特集として二部に分けて放映された『白丁の娘』というドラマがある。

ストーリーは、白丁の父を持つ女の子オンニョンが宣教師と出会い、名門の梨花学堂で近代教育を受ける。父は胸に白丁の印である布切れをつけないことで役人から殴打され、母は「白丁のよめさん馬乗り競争」という残酷な遊びの馬にされた後、自殺してしまう。そうしたさまざまな差別と闘いながら六年間を過ごした梨花学堂を卒業するとき、オンニョンは答辞代表として選ばれた壇上で「わたしの父は白丁です、わたしは白丁の娘です」と自分の出自を高らかに宣言し、会場から祝福されて物語は終わる。このドラマは韓国内のドラマ賞はもちろん、二〇〇一年には米ヒューストンで開かれたテレビ番組のフェスティバルでも大賞に選ばれている。

このような白丁をテーマとしたドラマなどは韓国では一般的に親しまれている。『林巨正』などは、韓国人であれば若い人でも一度はその名を聞いたことがあるというほど一般的だ。

また『チャングムの誓い』という、日本でも話題となった長編ドラマにも白丁が登場している。ＮＨＫでも放映されたので、現在でも吹き替え版を簡単に見ることができる。韓国国内では最高視聴率五七パーセントという驚異的な数字をたたき出し、計五四回シリーズとして作られた。

ストーリーは、もとは宮廷勤めだった両親と共に白丁に落とされたチャングムという女性が、宮廷内でのさまざまな出来事に遭遇しながら料理人対決などを勝ち抜き、最後には王の信頼をとりつけて主治医にまで上りつめるという歴史エンターテインメントだ。このチャングムという人物は歴史書にも記載されている実在の女医であるが、ドラマはフィクションを交えた構成となっている。

　白丁が関係してくるのは第二話。チャングムの両親は宮廷から迫害を受けて地方の白丁に身をやつして暮らしており、主人公のチャングムも最初は白丁の娘として育てられているという設定になっている。

　しかし、もともと父母らは宮廷に仕える者だったという〝みにくいアヒルの子〟的背景ではあるが、主人公が白丁として育てられるという設定は、日本のドラマでは今のところ絶対的にあり得ないだろう。しかし韓国では、この白丁という最下層の身分は、こうして見てきたように時代劇ドラマなどで普通に登場する。

　それにしても、先の映画『同じ年の家庭教師』の「かわいい白丁！」という宣伝文句といい、これだけを見れば確かに韓国で「今も白丁差別はあるのか」と問うこと自体、滑稽ですらある。先のインターネット掲示板の書き込みも、なんら意味のない罵詈雑言として使っているだけだ。

　そしてここだけを捉えるなら、韓国は過去の身分差別からは解放されているといえるかもしれない。白丁が今も存在しているのなら問題となろうが、存在していないから問題とはならないということだ。

　ある韓国の研究者はこのような現象について「解放運動によって自らの力で差別解消を勝ちとったのではなくて、外的な要因によって差別が解消されたということが、現在の韓国における差別の問題というのを見えなくしている最大の原因だ」と語っている。

韓国で白丁について調べていると、ときに人々から苦笑いや嘲笑を受けることがあるが、こうしたメディアでの取り上げられ方をみていると、それも当然のことではある。

清州の白丁差別

ソウルから清州《チョンジュ》へと移動した。ソウルから約一〇〇キロ、バスで南へ二時間ばかり下ったところにある中都市だ。

清州はなんだか、陰気な感じがする町だ。それは後に起こる出来事のせいなのかもしれない。

わたしはモーテルに部屋をとった。韓国でモーテルというと、日本のラブホテルと同意語になる。こうしてモーテルに一人で泊まるハメになったのも、着いた所にはそんな宿しかなかったからだ。だから、何もないな、というのが清州の第一印象であった。

しかし、町の繁華街に出ると少しほっとした。ずいぶん賑やかな通りだったからだ。日本語通訳を手配したあと、わたしはその繁華街でジャジャー麺を食べて、日本映画『ラブレター』を観た。客はカップルか女性のグループばかりで、男一人はわたしだけなので目立ってしまい弱った。この映画は韓国でヒットして、ラストの「お元気ですか」という日本語は流行語にもなった。

モーテルだからか、わたしの泊まったホテルではアダルトビデオを無料で借りられた。興味があったので部屋で見てみることにした。

画面には、なぜか北朝鮮の軍服を来た将校が犬のような性交をしていた。恐ろしいほど単調な性交風景である。性交シーンは、わたしが呆気にとられている間に終わってしまった。かえってこの方がリアルなのだろうか。

ところでわたしがここ清州に来た理由は、ここには韓国で唯一、白丁出身であることを公表している金永大《キム・ヨンデ》という老人が住んでいるからだった。

着いた翌朝、金永大氏の勤めている屠場へ電話を入れた。まだ通訳が見つかっていないので、片言の韓国語で説明して、宿の主人に電話してもらう。先方とのんびりと会話していた主人は、しばらくして電話を置いた後、わたしに残念そうな顔を向けた。

しかし、何を言っているのかよくわからない。何度も聞き返すと、身ぶり手ぶりで説明してくれる。どうも、数カ月前に死んだらしい。

わたしはその事実に絶句した。彼を訪ねてここまで来たというのに、言葉も不明瞭だし確認しなければ。しかし、本当だったらどうしようか。わたしは、これからの道筋がここで途絶えたかのようなショックを受けた。あと数カ月来るのが早かったら。そう悔やまれてならなかった。

韓国の人権を語るうえでも、彼はとても重要な人物だ。その意味を、韓国はわかっていないようだとわたしは思った。なぜなら彼が亡くなったことをこの時点で日本の人権団体も誰も把握していなかったということは、彼は韓国社会でもまったく重要視されていなかったことを表している。生前、白丁出身であることを公表した彼には、ずいぶん風当たりも強かったと聞いている。

金永大氏は、「両班《ヤンバン》の里」として知られる韓国中部の忠清南道ヨンギ郡鳥致院《チョジウォン》で、一九三五年に生まれている。

彼の祖父は、この地で食肉業の傍ら太鼓や長鼓《チャンゴ》、蓑《みの》などを作る典型的な白丁だった。後に居を清州に移した金永大氏は、地元の高校からソウル成均大学に進み、在学中には徴兵で軍隊に行っている。大学卒業後は一貫して食肉業に従事し、故郷の鳥致院やソウルにも店をかまえ、清州では屠場経営に関わっていたという。

また同時に独力で衡平社史の研究を始め、七八年にはソウル松山出版より『実録　衡平』（邦訳『朝鮮の被差別民衆』解放出版社）という本も出している。この本の中で、彼は初めて自分の出身を公表した。

このように白丁出身者が、自身の出自を公の場で認めたのは第二次大戦後の韓国では初めてのことであり、そして恐らく最後のことであった。

この本には、彼が白丁問題に興味をもったきっかけについて、彼自身が記している箇所がある。少し長いが引用したい。

「彼が生活の基盤としていた地にも衡平社分社が創立されて、衡平運動が活発に展開されていました。彼は衡平社員として社則に従って活動し、分社の総務職をまかされていたので、自然と衡平運動に深くかかわっていきました。そして衡平社の鳥致院分社創立2周年記念式を、分社の事務所で社員たちと簡素に行った後、自転車に乗って帰路につきました。市場を抜けて、ある両班の家に近づいた時、10人あまりの一般人と両班の家の使用人が道をさえぎり、どうして屠殺者が紳士靴をはいているのだと、綿を貯える袋を裏返しにしてかぶせ、足で蹴り、角棒で叩くなどして失神させたまま放置しました。その後、彼はこのことが原因で左足が不自由になり、障害者となったのです。

しかしこの障害は、それで終わりではありませんでした。彼の家族全員に侮辱的な呼称がつけられ、『びっこ』の屠殺人の息子や孫などと、一般人から呼ばれるようになりました。彼には1944年当時10歳になる孫がいました。ある日、孫があどけない顔で『おじいさんは、なぜ片足が不自由なの?』と尋ねたところ、『もう少し大きくなったら教えてあげる』と言ったまま、それ以上言葉を続けませんでした。横にいた父親は、『どうしておじいさんを悲しませるのか』と叱りつけ、孫と祖父を引き離しました。

孫が成長して高校2年に在学中の1953年、彼のおじいさんは夫人の命日に、はじめて衡平運動について話しました。またなぜ自分が障害者となったのか、その理由を包みかくさず孫に話しました。

おじいさんの話を聞いた孫は、幼心にも敵愾心が生まれ、衡平運動とは一体どんな運動で、おじいさんが何故こんなふうに暗い人生を送ったのかと、強い疑問が沸き上がり、衡平運動史に関心を持つようになりました。この孫というのが、実に私のことなのです」(『朝鮮の「身分」解放運動』解放出版社)

社会的な意味で、彼はこの祖父のように「孤独」に死んだのかもしれない。そのことを思うと、再び残念だという思いが激しく胸をしめつける。

モーテルのオヤジの話だけでは心もとないので、確認のため、通訳を伴って金永大氏が勤めていたという屠場へ出かけた。タクシーに乗って屠場に着くと、業務は終わった後なので人はまばらだった。古びた感じの、中規模の屠場である。

事務所に案内してもらって話を訊くと、やはり数カ月前に亡くなったという。今はこの屠場の経営者も代わってしまい、金永大氏の家族も、どこに住んでいるのかわからないと、事務所にいた従業員が言った。事務所の雰囲気は、驚くほど日本のそれに似ている。

それにしても、ほんの一年前に勤めていた幹部の連絡先がわからないなんてことがあるだろうかと疑問に思ったが、そのときはそういうものかと納得してしまった。

のちにその疑問に抗いきれず、わたしはここを再び訪ねることになるのだが、それはまだ先の話である。何も得られるものもないまま、わたしは事務所を辞したのだった。

金永大氏

門を出たところで、折り良くタクシーが

通りかかった。手を挙げると、運転手は笑いながら手を振り、そのまま通り過ぎた。空車のメーターは出ていた。

「屠場から出てきたから、乗車拒否したんじゃないか？」

そんな疑問をつぶやくと、韓国人通訳は即座に否定した。

「まさか。車庫に帰るところだったんじゃないですか」

「あなたは屠場には来たことあるの」

「いや、ないです」

「じゃあ、わからないよね」

「それはそうですが。でも、それは疑い過ぎですよ」

そうかもしれない。しかし、いや、やはり疑いすぎなのだろうか。わたしはあの運転手の笑顔がなんとなく気になって仕方なかった。

タクシーがそれ以上通らなかったので、わたしたちはバスを待って町に戻った。


清州では目的としていた金永大氏に会うことはかなわなかったが、通訳を手配する関係で訪ねた清州大学で若者と中年、二世代の二人に話を聞くことができた。

金政美さんとは大学の廊下で偶然出会った。二一歳で、清州大学の学生。日本語学を専攻しているので、日本語ができる。

「白丁はもちろん知ってます。学校で習ったから。でも普段は聞いたことがないです。

あっ。でも、あるかなあ。幼いころですけど、通りを歩いていたおじさんに、何人かの人が『白丁、白丁』って言ってからかっていたのを見たことがあります。石も投げていました。でも侮辱する意味で『白丁』という言葉を使う人もいるから、どうでしょうか。そのおじさんが本当に白丁かどうかは、わかりません。それだけかなあ。テレビの番組で『白丁』という言葉は聞いたことありますけど、普段はそんなの使いませんよ」

差別もないし、だいたい白丁自身、いまは存在しないから関係ないと言う。

「じゃあ、結婚する相手が白丁の子孫だとわかったらどう？」

わたしがそう訊いてみると、彼女の態度が一変した。

「白丁の子孫とは嫌です！　好きになった人がそうだとしたら、結婚は絶対にダメです。その人の親が金持ちの社長でも同じです、わたしは社長も白丁も嫌いですから。わたしの両親も反対すると思います。でも、今はそういう問題はほとんどありませんよ」

うーん、白丁の子孫からすれば、それはけっこう大変な問題ではないのだろうか。

「じゃあ、昔は問題だったけど、今はそうでもないの？」とわたしはソフトに訊ねた。

「今ですか？　あまり問題ではないですね」

あまり、か。

確かに拒否する側からすれば、そうたいした問題ではないのかもしれない……。

それにしても、やはりソウルから田舎にくると、白丁についてかなり拒絶反応がでてくる。これだけ若い世代であっても「ダメです」と断言するのだから、状況は日本以上に厳しいといえるかもしれない。

映画やドラマではあれだけ自由に取り上げられるのに、こと現実となると、日本よりもはっきりと拒絶する。単純に日本と比較していると、どうも頭が混乱してしまう。

次に話を聞いたのは、チョン・ジンスさん（四一歳）。大学の日本語科教授だ。一緒に参鶏湯《サムゲタン》を食べに行った。

「今日はお話を聞かせてもらうのでわたしがご馳走しますが、韓国では年功序列が厳しいから、先生くらいになると出費も大変じゃないですか」と訊ねると、「ええ、それはもう大変ですよ。年をとると若い者におごることが多くなるので、本当に困りますねえ」と答えた。温和でやさしい感じのする男性である。

「子どもですか、娘が一人います。はあ、娘が肉屋の息子と結婚したら、ですか？　いやいや、絶対に嫁には行かせません。それは白丁のイメージというよりも、家柄、職業というものです。屠場の仕事をしているのは、やはりイメージ的に良くないし」

しかし、誰かが屠畜をしなければお肉が食べられませんよねと、わたしは何だか大人が子どもに諭すように語りかけた。

「そりゃそうですが……。しかし娘との結婚となるとやはり別です。もちろん良くない考えだとは思いますがね。上原さんは白丁の取材に来られたのですか。どこか、この近くのそういう集落に行かれるのですか」

「そうしたいのですが、今探しているところです。どこにあるかご存じですか」

「あ、いや。そういうことではありません」

「もしご存じでしたら、教えていただけませんか」

「いや……、知りません」

　急に態度が改まったので、彼は知っているのかもしれないとわたしは思った。何度も遠回しに話題をその方向へもって行くがしかし、どうしても話してもらえなかった。本当に知らないのかもしれないと思い、結局それ以上は何も聞けなかった。

　しかし、それから五年間にわたって韓国人に会うたびに白丁の話を持ちかけていたのだが、知っていてこうした態度をとる人と何度か出会った。最初、知らないと言っていた人でも、後でこっそり教えてくれるのだった。

　そうした経験からいうと、当初わたしはまったく気がつかなかったが、これは最初の〝拒絶体験〟であったと思う。韓国は、その愛国精神からか、自国の「悪いところ」は徹底的に隠すところがある。白丁や彼らが住んでいた場所を「悪いところ」と表現したのは、後でこっそり話してくれた韓国人たちであった。

　これらのことは、また後から明らかになっていくのだが、このときのわたしは、まだ白丁差別について何の確証も得ていなかったので、もやもやした気持ちのまま、手探りで聞き取りを続けていたのだった。

　これ以上、チョン教授を突き詰めてお互いに気まずくなってもつまらないので、わたしは話を雑談に切り替えた。

チョン教授は、自分の日本語の先生で、日本から韓国に移住していたある高齢の婦人を紹介しましょうと言った。亡くなった夫が韓国人で、戦前から韓国に住んでいるのだという。早速、チョン教授の車でその女性に会いに出かけた。

そこでわたしは、韓国人妻となった高齢の日本人女性との会話の中で、興味深い事実を聞いた。

最初、何の取材で来たのかと訊ねられたので、わたしは「白丁について、つまり韓国の被差別部落民について取材に来たのです」と答えると、彼女は驚いて、流暢な日本語で語った。

「わたしが日本を離れた時はまだ若くて、日本に白丁（被差別部落民）がいるなんてことも知らなかったのです。ところが韓国に来てしばらくしたある日、日本人の女性ばかりが集まる会があったので出かけたのです。わたしのように、こちらに嫁いでこられた方たちの会です。そのとき、ある友達が『もうあの人とは話したくないわ』とわたしに言ってきたのです。あの人というのは会の参加者の方で、特に何か問題があったわけではなかったので『どうして？』と訊いたら、あの人は出身が被差別部落だから、と言うのでびっくりしました。お二人の日本の出身地が近くだったので、偶然その人が部落出身だと知ったようなんです。わたしは韓国に来てまでそういうことが問題になるんだと、それはそれはびっくりしましたよ」

部落差別の根深さを象徴するエピソードだ。このような状況は、いまだ日本においても細々とながら続いている。

第二章

白丁と結婚する馬鹿はいない

清美との出会い

清美という、そんな日本風の名をもつ彼女とは、ベトナム・ハノイで初めて会った。韓国でも流行《はや》り始めていたバックパッカー、つまり貧乏だが自由な旅をしていた彼女とわたしは、韓国から遠く離れたハノイのカフェで出会ったのだった。

韓国で白丁の取材を始めたばかりだったわたしは、いつまでもソウルの街中をうろついていてもしょうがないと思い始めていた。正直にいうと、手詰まりの状態だった。ソウルの街中、例えば学生街の新村などで、韓国各地の若者たちと知り合っては白丁の話を切り出すのだが、みんな一笑に付すのだった。

「白丁ねえ。それにしても、いったい日本では韓国についてどんなことを教えているんだよ」

「いや、日本ではまだ白丁のような問題が残ってるんだ。それで韓国は今どうなっているのだろうと、調べているだけなんだ」

「韓国にはもう白丁はいないよ。ただそれだけだ」

「しかし、現実に肉屋の娘や息子とは結婚しないという人もいるよ」

「ふーん。もしかしてあなたが聞いた人たちは、年寄りじゃないの？」

「いや、そうでもない。若い人でもそう言う人がいた」

「そうかあ。じゃあ、その人たちは社会的地位の高い人たちじゃないか？」

「日本語のわかる人を中心に聞いていたから、確かに通訳とか大学教授とかが多かったね」

「そりゃねえ、地位の高い人は、相手にもそれだけの地位を求めるのは当たり前じゃない。日本は違うのかね」

「うーん。確かに日本でも、結婚相手の学歴とか仕事とかを問題にする人は多いな」

「それに、日本にはまだ白丁もいるんだろ？　ということはつまりは、だ。それだけ日本は後れてるってことだよ」

そう言われると、わたしは「本当にそうなのかもしれない」と考え込んでしまうのだった。

これ以上、韓国に滞在していても何かをつかむことはできないのではないかと悩んだわたしは、そのまま日本に帰ることもできず、ソウルの旅行会社でなんとなく香港行きのチケットを買うと、金浦空港からそのまま香港へ向けて飛び立ってしまったのだった。

香港には二週間ほどいただろうか。韓国での聞き取りに疲れてしまったわたしは、香港の街なかを歩くこともほとんどしなかった。日本人専用の木賃宿に転がり込み、そこで深夜番のアルバイトをしながら炊飯器で即席麺を作って自炊し、女の裸だけが載っている雑誌をぱらぱらとただめくるような、ただそれだけの怠惰な毎日を送っていた。

しかし、香港の物価はとても高い。わたしは二週間いた香港をバスで出発し、中国に入った。そして中国南部を二カ月ほど周った後、陸路で国境を越えてベトナムへ入ったのだった。

ベトナムは中国語で「越南」と書くが、確かに中国から陸路で行くとそれを実感させる国だ。それまでの、家の窓からそっとこちらの状況をうかがうような中国人と違い、ベトナム人はハロー、ハローと外国人であるわたしに気さくに話しかけてくる。言葉も今までの中国語から、一瞬にしてベトナム語に変わるさまは、日本から来ると不思議な感じがした。

ハノイでは相部屋の木賃宿に入り、一日中ぶらぶらとして過ごしていた。時々、ホアンキエム湖の周りを歩く以外は、どこへ行きたいとも思わず、白丁のことも考えなかった。飯の代わりにビヤホイという屋台のビールを呑み、豚の串焼きを食う生活を続けていると、ビタミン不足からか体中に発疹が出て、自分のことながら気味悪く思った。

朝はいつも、ハンベー通りの突き当たりにある「ナン」という名のカフェに入り浸っていた。そこの清楚な娘が可愛かったからだ。わたしは毎日のように、子どもがままごとで使うようなひどく小さな椅子に座り、練乳の入った甘く冷たいコーヒーを、すするようにして飲むのだった。

あるとき、いつものようにコーヒーを飲みながら通りを歩く人たちを眺めていると、そこへ客としてきたのが清美だった。

ベトナムだというのに、彼女は短いスカートから白い足を出して堂々と店に入ってきた。長い黒髪に大きな瞳の彼女は、ハノイの旧市街の一角ではとても目立っていた。わたしに目を合わすこともなく隣の席に座ると、きょろきょろと周囲を見渡していた。そしてゆっくりとわたしに視線を合わせると、「あなた韓国人？」と英語で訊くのだった。

「いや。日本人だよ」

「そう」

「がっかりした？」

「ううん。日本人は多いから」

ベトナム風コーヒーを勧めると、彼女もそれを注文した。それから名前は清美という日本風の名ではあるが韓国人であること、そしてヨーロッパから陸路で旅をしてきてもう半年ほどになることなどを彼女の口から聞いた。わたしは「ただあてもなくハノイに滞在しているのだ」と、自分のことを説明した。

カフェを出るとき、わたしは清美をその日の夕食に誘った。彼女は簡単に受け入れた。

その午後を、わたしは湖の周囲を散策したりして過ごした。時間が過ぎるのはとても早く、ハノイでのわたしは、いつも時間に取り残されているような錯覚を覚えるのだった。

その日の夕方、わたしは女性の日本人旅行者たちと知り合いになった。そこで彼女らも夕食に誘った。それはどちらかというと、清美に気をつかってのことだった。

しかし、待ち合わせの時間がきてわたしが日本人旅行者たちと約束の場所に行くと、待っていた清美は突然怒り出してどこかへ行ってしまったのだった。わたしはこのとき初めて、彼女がわたしを意識しているということに気づいたのだった。

その夜、わたしは清美の泊まっているホテルを訪ねた。非礼を詫びて、明日の夕食は二人で行きたいと再度、申し出た。

「日本人の女の子が来るのは、もう嫌よ」

「大勢いたほうが楽しいと思って呼んだのだけど、気を悪くしたのだったら謝る」

「じゃあ、明日の夕食の代金はあなたがもってね。そしたら許してあげる」

そして翌日の夕食以後、わたしたちはハノイにいる間ずっと一緒に過ごした。彼女は初めてだった。

二人でサパという避暑地に出かけたこともある。ベトナム軍がフランス軍と激戦を交えたディエンビエンフーからも近い、北方の高原地帯だ。

そこへ向かうバスの中で、ラジオから賑やかな歌が流れていた。彼女がその歌を聴いてとても笑うので、わたしが不思議そうな顔をしていると「これはね、韓国で昔はやった歌謡曲で、とても面白い韓国人のおじさんが歌っているの。『みんなでチャチャチャ』っていう曲よ。それでとっても楽しいの」と説明した。わたしたちはサパで低い山々を歩き、欄干のないただ架けただけの古い橋を渡るときは、手をつないで渡った。

そして、清美がハノイを出る日がきた。彼女は長距離バスでベトナムを縦断し、カンボジアからタイへ抜けた後、バンコクから飛行機でソウルに戻るのだと、わたしに話した。それが、彼女がヨーロッパから続けてきた旅の終着でもあった。

バスがハノイから出るころになると、わたしと清美の仲はあまり良くなかった。清美はことあるごとに日本人は日本人はと、よく愚痴をこぼした。

「朝鮮戦争も日本人のせいで起こったのよ」

「しかし、あれは南北朝鮮と、米ソのイデオロギー対立が原因だろ」

「いいえ、日本が武器を供給したからあそこまでひどくなったのよ。今の日本の繁栄は朝鮮戦争があったからよ」

その通りだ。しかし、それが今のわたしたちにどういう関係があるというのだろうか。

「じゃあ日本人として、君の心証を害したことについては謝る」

わたしがそう白旗を揚げると、彼女は「日本人はすぐ謝るから信用できない」とつぶやいた。しまいにわたしが怒り出すと、申し訳なさそうな顔でこう言った。

「姉が日本人と結婚したのだけど、うまくいかず離婚してしまったの」

そして彼女はそのまま、バスに乗ってサイゴンへ行ってしまったのだった。


わたしはそれから一カ月してタイに出た後、日本にいったん帰国した。そのころになると白丁について再度、取材していく意欲がわいてきていた。そこで帰国して一カ月後、わたしは再び韓国へ、白丁を巡る旅に戻ることにしたのだった。

ソウルに入ってしばらくしてから、清美と再会することができた。ソウルＹＭＣＡの前へ向かうと、彼女は白い服を着て待っていた。わたしたちは一年ぶりの再会を、いろいろなことを話しながら過ごした。

「あなたが気になったのは、顔がとても韓国人に似ていたからよ」

「それだけか。それはひどいな」

「日本人は信用できないもの。姉も別れちゃったし」

「信用できる人もいれば、信用できない人もいるのは、日本人でも韓国人でもなに人でも一緒だよ。君はヨーロッパから中国まで旅しているのに、そんなこともわからないの」

「わかっているんだけどね。……どれくらいソウルにいるの？」

「もう明日、晋州《チンジュ》に行くんだ」

「晋州はわたしの父の出身地よ。わたしも一度行ったことあるわ」

「そこで、白丁のことを調べるつもりなんだ」

「白丁って、テレビの時代劇とかに出てくるあの白丁のこと？」

「そう。いま韓国の白丁はどうなっているのか、気になってるんだ」

「そう。あなた、相変わらず変な人ね」

タクシーで清美を自宅まで送った。タクシーを降りるとき、彼女と長いキスを交わしたが、それきり今になっても清美と会うことはない。しかしそれ以来、韓国という国が非常に身近になった気がした。

白丁の本場・晋州へ

高速道路から時々見える民家をぼんやりと見つめていると、畑と小さな山の中に、ぽつりぽつりと民家の灯りが見えた。なかなか考えがまとまらなかった。しかし、現地に入ればなんとかなるだろうと能天気に考えた。釜山から出たバスが一時間半後に高速を下りると、そこが晋州であった。

晋州という町は日本では馴染みが薄いが、第二次大戦前までは慶尚南道の道庁所在地だった。古都として韓国内では有名な、人口約二六万人の中都市である。

大学が多いので文化都市としても知られ、有名な慶尚大学もここにある。町の面積は約七〇キロ平方メートル。南江という一級河川が、街の中心を横切る形に流れている。

その南江のほとりに、美しい晋州城がある。

日本の城と違う点は、中心となる天守閣がないことだろう。一九八〇年以後に公園として整備されるまでは、城の敷地内にまで民家がひしめいていた。昔から城の敷地内には兵士たちの家が建ち並んでいたというから、これは韓国の城では自然なことだ。

城から川に沿って東へ行くと、名物のウナギを食わす店が並ぶ。川の南北に架かっているのが晋州橋。この橋を南に下って数十キロずっと行くと、海に出る。町から海までは車で一時間ほどだ。

反対に北へ上がると山に当り、四〇〇キロ先にはソウルがある。町の中心をこうして南北に切り裂いているのが中央路という道で、これが晋州の目抜き通りでもある。

特に晋州が韓国で有名なのは、一五九二年に豊臣秀吉軍がこの地を侵略してきた時のエピソードのためだ。

将軍・金時敏は、たった四千人足らずの兵で晋州城に立てこもり、三万にものぼる豊臣軍を破る。しかし勝ったのはそれのみで、あとは大軍で押し寄せた日本側に対して連敗を喫し、近辺の町や集落も含めて焼き打ち、大虐殺の憂き目に遭う。

このとき、勝利に酔う日本側の大将・毛谷村《けやむら》をたくみに南江に誘いだした韓国女性がいた。論介《ノンケ》という晋州城お抱えのこの高級妓生《キーセン》は、毛谷村を誘惑して誘い出すと彼を抱きかかえ、そのまま川へ身を投げた。

彼女が身を投げた岩は「義巌」と呼ばれ、彼女は死を以て忠烈を尽くしたということ

晋州城内の散歩道。
豊臣軍との激戦の場でもある

晋州城から見た町並み

で、現代でも一つの伝説として語り継がれており、韓国では教科書にも必ず登場するほどだ。

だから晋州城と義巌は、晋州一の観光名所となっている。

わたしが晋州に来たのは、ここが衡平社発祥の地という理由のほかに、もっとも白丁差別が強い地域だと聞いていたからである。ただし、衡平社のリーダーであった姜相鎬《カン・サンホ》はここ晋州の出身だが、白丁ではなく両班《ヤンバン》だった。

白丁について調べるとなると、韓国南部でもっとも象徴的な地域であることは間違いない。今でも衡平社関係の集会や催しは、ここ晋州で行われることが多い。

美しい風景の晋州城の前には衡平運動記念碑、そして町の中心部には衡平社創立大会の記念碑などもある。白丁や衡平運動関係で記念碑があるのは、韓国でも晋州だけだろう。

ここで話を聞いたのは、一〇代から三〇代までの韓国の若者たちだ。若い世代では白丁はどういう印象なのか、聞いてみた。しかし、ここでも押し並べてみな同じ感想だった。

「白丁は授業で習ったけど、実際には聞いたことも見たこともない」

「今の韓国には白丁なんて存在しないから、質問自体が変だ」

この反応は前回のソウルとほぼ同じだった。田舎でもソウルと同じ答えということは、やはり韓国の若者の大多数が、白丁なんて存在しないと思っているようだ。

しかし、いろいろな人に会って話を聞いていくうちに、やがて、いくつか驚かされる発言に出会うことになった。

しばらく通訳を手伝ってくれていた学生のチョン・サンウくんは釜山出身で二七歳。徴兵で軍隊に行った後に就職、しかしその後、大学に入りなおした努力家でもある。

「白丁という言葉は、学校の歴史の教科書で初めて知りました。牛を殺す人とかの職業がそう呼ばれると教わりましたね。イメージはとても悪いです。白丁の子孫との結婚については、自分は関係ないと思ってます。両親もそうだと思ってたけど、今回、改めて聞いてみたら大反対されました」

「じゃあ白丁の子孫じゃないけど、肉屋の娘だったらどう」

「うーん、それも反対されるでしょうね。でも彼女の家が肉屋だったら、ぼくもかなり悩むと思いますね」

「どうして?」

「ぼくはいいんだけど、実家が近所の人に悪く言われるから……」

次に聞いたのは姜龍守という、三一歳の独身男性。英語通訳の仕事をしているが、大邱にある大学の大学院に入るべく勉強中だった。大学の教授職を希望している。

晋州地方における姜という姓は、名家で有名である。衡平運動指導者の両班、姜相鎬も姜という姓であることからわかる。

「白丁なんて、今の韓国ではナンセンスですよ。随分昔に廃止された制度だし、今の韓国はお金さえあれば、身分なんて関係ありません」

姜さんは秀才っぽく、達者な日本語でそう言った。彼は英語も堪能だ。

「じゃあ、今の韓国には身分差別は残っていないと」

「もちろんです」

論介が身を投げた義巌。
立っているモデルは通訳

「じゃあ仮に、姜さんが結婚する相手の人が白丁出身だとしたらどうですか。結婚しますか」

姜さんは一瞬考えて、これまた当然のように言った。

「あ、それはしない。当たり前ですね」

え、と止まってしまった。あんまり彼がはっきり言うので、びっくりしてしまったのだ。

「どうして結婚できないの」

「イエガラといいますか。そう、家柄が違うのです。白丁はいないですよ。日本にはいまだに白丁が残っているかもしれないけど、今の韓国には白丁はいない」

「でも差別は残っていますよね」

「差別もないですよ。だって白丁がいないから」

「でもさっき、結婚しないと言ったでしょう」

「あれは、その、また違うことです。別のこと。白丁差別とは違う」

「そうかなあ」

「今はね、白丁だとわからなくなっているから、差別がないのです。わからなかったら、それでいい」

「じゃあ、姜さんの結婚相手がね、白丁出身なんだけど、両親にも自分にも内緒でね、わからなかったらどう。それだといい？」

「うーん。それもやっぱり駄目ですね」

でも差別はないし、白丁もないと言う。これでは、まるでわけがわからない。

わたしはこの韓国人の感覚に、頭がこんがらかってしまった。それでは彼らはいったい、何に対して忌避しているのだろうか。

またさらに後日、こんなこともあった。

晋州の東に馬山という中都市がある。その町で、わたしはある二八歳の男性通訳とカフェに入って雑談していた。

そのときふと、晋州での姜さんとした話の内容を説明してみた。「わけがわからなかったよ」と、その男性通訳にわたしは同意を求めた。

すると彼は、ハハハと笑いながら言った。

晋州の肉屋さん。日本とほとんど違わない

「白丁出身の女性と結婚しないなんて、そんなの当たり前ですよ」

今度こそ、本当にわたしは目をむいた。

血の気の引く思いというのはこのことか。特に韓国人ははっきり言うので、余計に驚かされる。

「でも、白丁は現代の韓国にはいないんでしょ」

「そうですよ。だけど白丁出身者とわかってて結婚する馬鹿はいませんよ」

「しかし、君は誰からそういう、白丁とは結婚してはいけないと聞いたの」

わたしはできるだけ冷静を装っていたが、彼はわたしの変化に気づいたらしく、ちょっと居住まいを正して言った。

「わたしのお母さんです。まあ、うちは田舎だから」

「晋州の姜さんと君は同じ考えだけど、これは普通一般的な考え方なの？」

「いや、少ないでしょうね。今はそういうの関係ないから。わたしの年齢でこういう考え方をしてるのは、一〇人中一人か二人くらいじゃないですか。うちは母親が、特にそういうのにうるさいんですよ」

確かに前述のように、他の同世代の若者に話を訊いても、「白丁かどうかは結婚に関係ない」という答えが多かった。しかし田舎でのこうした聞き取りをもっと増やすと、その割合はもう少し増える可能性も否定できなくなってきた。

やはり日本と同じように、白丁問題に関しての意識は、個人差と地域差がとても大きいようだ。

それにしても、白丁はもういないけど白丁出身者とは結婚しないし、白丁差別なんて有り得ないという彼らの考えは、わたしの頭を混乱させるばかりだった。

教科書の中の白丁

日本の人権団体が韓国を研修旅行で訪れた際、韓国の大学生との交流会で、日本側から次のような質問がされた。

「韓国ではどういった人権教育をしていますか」

韓国側の反応は、一言でいうと困惑だった。

しばらくして代表の学生が反対に質問した。

「人権教育とは、どういったことをいうのか？」

人権教育とは、主に障害者や在日外国人、被差別部落、いじめなどを具体例として人間の権利と尊厳について生徒に教えることである。

日本でも各都道府県によって取り組みの差が激しいが、この授業が学校の中でなされているのか否か。日本の人権団体はこのことを指して質問したのである。しかし韓国ではそうしたことを学校で特に教えないので、韓国の学生たちにはその意味がよくわからなかったのである。

これまで白丁についていろんな人に話を聞いてきたが、その中でわたしは「どこで、誰から初めて白丁という言葉を聞いたのか」という質問も必ずした。

その答えの中には「テレビの時代劇で」とか「昔話で」という答えが返ってきたのだが、それと同じく多い答えが、「学校で習った」というものだ。

しかし、特別な人権教育の取り組みがなされていないという韓国の教育現場では、いったい白丁についてどう教えているのか。韓国の若者が初めて触れる白丁とはどういうものなのか。

そこで地元では名門校で知られる、晋州女子高校を訪問した。煉瓦造りの豪奢な建物だ。実はここにはかつて衡平社・晋州本部が置かれていたこともあるのだが、もちろん今はその面影すらない。

白丁については高校の歴史で習うと聞いていたので、ここでは三八歳の歴史科A教諭に話を伺った。突然の訪問だったが、ちょうど時間も空いているというので、話を訊くことができた。

高校の歴史教育について、教科書は「歴史」と「現代史」の二つがある。これらが全教科中に占める割合は、そう多くないという。日本の侵略行為についてもかなり時間を割いて教えると聞いていたのだが、現在ではどうなっているのか訊いてみた。

「ええ、確かに以前まではそうですね。しかし最近は全体的な割合としては、減ってきていると思います。日本については、授業全体の約一割くらいです」

それでも、日本の学校に比べるとかなり多いようだ。日本の学校では、韓国のことなど教えない所がほとんどだからだ。白丁は「歴史」の教科書に出てくるのだという。

「だいたい一年生の二学期に教えます。まず高麗時代の項のときに賤民全般について一時間教えますから、このときに初めて触れます。それから李氏朝鮮時代のときにも一時間。あとは衡平社について三〇分ほどですか。計三回くらいやりますね。衡平運動については、現代史の教科書では『労働運動』の項に載っています」

歴史的に白丁が登場する高麗時代と李氏朝鮮時代については、当時の賤民について一通りおさらいをするのだが、そのとき同時に白丁についても解説しておく。それから高麗時代から李氏朝鮮時代にかけての、白丁の意味の変化についても教えているという。

それが白丁について述べる授業のすべてだという。

「白丁について教えるのは三回だとお聞きしましたが、これはA先生ご自身の特別なカリキュラムなのでしょうか」

「いや、そうではないでしょう。教科書に載っていますから、他校でも同じように教えていると思いますよ。ただ、他の学校がどれだけの時間をかけてやっているか、詳しいことはわからないです。晋州は衡平運動の地元ということもあり、教科書にもありますからわたしは教えています。それと、衡平運動の記念碑が晋州城の前にあるというのは、毎回教えています。まあ、重要度についてはそうでもないです。テストに出すときもありますが、毎年出すというほどではないです。

人権教育についても、特別時間をとってそういうことはしないです。そういうことは倫理の時間に教えています。あとは学校というよりも、各先生方によって差があるでしょうね」

「特に白丁について、人権問題を教えるときに触れたりするということはないですか」

「それはないです」

多くの学生たちも証言するように、韓国の教育現場では歴史として白丁を教えるため、若者の多くはそのまま記憶するようだ。

反面、現在の人権問題としては一切、取り上げられていない。もう存在しないと断定されているのだ。教育現場以外で「白丁」という言葉と出会うのは、前述のように誹謗中傷の場や、テレビなどの時代劇でということになる。

「白丁なんか、過去の遺物ですよ」と話すが、その子孫と結婚はしない。そういう若者たちの矛盾した認識は、この辺りから出ているようだ。

　例えば『国史漢字語』という辞書の記述では白丁と、その白丁の元になったという賤民・禾尺《ファッチョク》についてこう説明している。

「禾尺＝柳で物を作ることをしたり、牛などの動物を捕ることをした。これらは後三国時代から高麗時代までさすらいながら賤業に従事した人々で、李氏朝鮮時代には白丁と呼び名が変わった」

「白丁＝若い男　賦役*を課されることのない人。高麗時代には一般農民を指した言葉だったが、李氏朝鮮時代には家畜を屠殺する職業の意味に変わった」（＊国家が国民に、土木や建築などの労働を義務的にさせること）

　この白丁が学校の教科書に登場するのは、高校生の歴史教科書が最初だが、その説明ではどうなっているのか。韓国の若者の多くが白丁を知るきっかけになる箇所である。

　歴史科教諭の話にもあったように、高麗時代と李氏朝鮮時代について高校歴史教科書では次のように書かれている。まだ白丁が一般の貧しい人々を指す呼び名だった頃のことだ。

「良人（一般人）には白丁農民と商工業に従事していた人々が含まれていたが、商人と手工業者は農民より賤視されていた。これら良人層が国民の大部分になっていて、その中でも国家から一定の職役を与えられていなかった白丁農民が主流になっていた。

社会の最下層の賤民には公、私奴婢と共に特別行政区域のヒャン、ソウ、プゴクミンが含まれていた。ヒャンとプゴクミンの住人も官職への進出に制限を受けており、一般農民より待遇が悪かった。ソウに住む人々は手工業に従事していたが、これらも卑しい待遇を受けた。他には禾尺、津尺（船頭）、才人《ジェイン》などがいた。賤民の中でも奴婢は高麗社会でもっとも賤視されており、官庁に属する公奴婢と、個人や寺院に属する私奴婢に分けられていた。貴族中心の社会で土地と奴婢は財産になったから、奴婢に対する管理は厳しかった。だから父母の中で一方が奴婢になったらその子どもも奴婢になった。そして奴婢を父母とする子どもは従母法によって母側の所有主に帰属された」

教科書だから、概略だけで詳細についてはわからない。しかし後に白丁になっていく禾尺《ヤンスチョク》（楊水尺）や、芸をした才人以外にも、さまざまな賤民がいたことがよくわかる。

特に奴婢は、その制度が崩れた以後も第二次大戦前まで、両班の家に仕えていたとする証言も残っている。奴婢とは、いわゆる奴隷身分の人々のことだ。

教科書には、朝鮮時代の項にもう一度、白丁が登場する。

「賤民には奴婢、白丁、広大《クワンデ》、巫女、チャンギ（キーセン）などがあった。賤民の大多数を占めた奴婢は所有者によって公奴婢と私奴婢に区別され労役に従事していた」

以後は、奴婢の説明が若干つくだけで、なぜ農民だった白丁が突然賤民になっているのかは説明されていない。ざっと紹介しただけだ。

そして最後に白丁が出てくるのは、教科書「現代史」労働運動の項だ。

「おろそかに扱われてきた白丁たちは、甲午改革によって法制的には権利を認められたが、社会的には長い間の慣習の中で、続けて差別を受けていた。これに反発した白丁たちは晋州で朝鮮衡平社を創立して（一九二三年）、平等な待遇を要求する衡平運動を展開した」

衡平運動が教科書に載っていると、歴史の教諭が言っていたのはこの項のことなのだ。そして、韓国の若者たちが白丁に関する正確な情報に接するのは、これがすべてである。また『総合国語辞典』語文閣刊（一九八一年）において「ペクチョン」はこう書かれているという。

「(名)牛、豚、犬の類を屠殺する業か、柳行李などの製作を業とする人間
(類語)屠漢、白身、宰人、白丁、刀執《カルチャビ》り、庖丁、庖漢
(俗談)白丁は柳の葉をくわえて死ぬ=死ぬときにあたっても、自分の分際を忘れないという意」

柳などを使った手工芸品は、白丁の専門である。だからこの俗談は、白丁が柳の葉をくわえて死ぬことを、分際をわきまえているとしたのであろう。非常に差別的な表現でもある。

晋州文化人の反応

白丁について多少なりとも関わってきた、晋州市の有識者・文化人に話を訊いてみることにした。

まず話を聞きに出かけたのは、金章河《キム・チャンハ》氏。一九四四年生まれの五七歳。晋州城址前にある、衡平運動記念碑の設立メンバーの中心人物。彼は市内にあるバスターミナル近くに、「南星堂」という漢方薬の薬局を開いている。

また金章河氏は、衡平運動記念碑の他に、晋州にある明新高校の設立者であり、また各文化事業、交通遺児奨学金制度の設立にも関わり、「晋州新聞」文学賞の出資者でも

ある。晋州を代表する名士的存在だ。

　こうした名士の方の話を聞いても公式見解ばかりで無駄かなとは思ったが、多方面から白丁についての証言を聞いてみたいと思い、南星堂へと出かけることにした。

　店の入り口は日本でいう土間様になっており、重厚感がある。応接室で待たされている間、通訳に漢方薬について聞いた。

「韓国じゃあ、漢方薬って一般的なの」

「うーん、どうですか。若い人はあまり来ませんねえ。年寄りはよく来ます」

「あなたは来たことある？」

「ありますよ、風邪で一度だけ。母に連れられて来たことあります」

「やっぱり高いの」

「ええ、すごく高いですよ。その薬によって違いますけど。わたしで五〇〇〇円くらいしました」

「えっ、それは高いなあ」

　金章河氏が現れた。白髪で小柄。インテリ特有の、非常に物腰が柔らかで、初対面から好印象な方である。彼は開口一番、こう話し始めた。

「実はわたし自身が白丁問題に興味があったわけではないのです。しかし晋州は衡平運動発祥の地でもあったので、その記念碑はぜひ建てたいと思い、設立に関わったわけです。

韓国にはもう白丁は存在しませんから、当然、白丁差別もあり得ないです。韓国には身分差別自体がもうないのです。学歴とか貧富の差は歴然としてあるのですが」

金氏はまずそう話し出した。わたしは韓国で白丁差別がなくなった理由についてどう思うかと質問した。

「韓国で白丁差別がなくなったのは、そんなに驚くことではないのです。韓国ではまず第一に朝鮮戦争で移転が多くなりました。第二に職業に対する意識が大きく変わりました。第三に経済が良くなった。

わが国では六〇年代はまだとても貧乏でしたが、八〇年代に経済成長が始まり、それで随分、国民の意識も変わったのです。金がすべてになった、というわけです。晋州で以前、白丁だった人は皆、他の場所へ移ったこともあって、今は誰がそうなのかわからないのです。戸籍にもそんなことは記入していませんしね。都市整備も進んだし。

大企業に入社するときや結婚するとき、日本では身分を調べますが、韓国ではそういったことはありません。実力さえあればいいから。日韓の差はそこにあるのではないですか。

それに肉を売っている人に対する差別もまったくない。肉屋であっても、金があれば問題ないです。金がなくてもそういう差別はしませんよ。だって、無職と肉屋だったら、肉屋をとるでしょう?

日本にはまだ白丁問題があるそうですが、文化的にも経済的にも大国で先進国の日本に、いまだこのような問題で日本国民が悩んでいるのは、理解しがたいですね。今でもその日本の白丁の人は、一つの村に住んでいるのですか」

わたしは、村というか集落にかたまって暮らしているところが多いですねと答えた。

「じゃあその集落を移転させてなくせば、その集落はなくなります。なぜそうしないで今でもあるのか、まったく理解できないですね」


晋州郊外にある慶尚大学へ向かった。南北に架かる晋州橋を渡り、大きな丘を越えて郊外へ出ると、慶尚大学が右手に見えてくる。市内からは自転車で三〇分程度。木々のたくさんある、雰囲気の良い学校だ。

ここでは、社会学部の金仲燮《キム・ジュンスプ》教授に話を訊いた。

金氏は一九五四年生まれの四六歳。主に衡平運動と晋州の歴史を専門としており、晋州市内で白丁出身者から聞き取り調査をしたこともある。衡平運動についての論文も、いくつか発表しており、日本でも著作が翻訳されている。

「衡平社については、八一年に晋州に来てから初めて知りました。実は、わたしは初めは語学を専攻していて、その後に社会学に転じたのです。そのころ韓国ではちょうど学生運動が盛り上がっていましたから、その影響もあって。

白丁がいなくなった理由の第一には、日帝の侵略があります。そして第二に朝鮮戦争。第三に産業化と都市化ですね。日本にはまだあると聞いていますが、日本と韓国とでは歴史が違いますから。

白丁差別についても、観念的にはまだ残っていると思いますが、白丁かどうかは見ただけではわからなくなりましたからね。わからなくては差別しようがないですから、差別はなくなったと思います。何をもって差別と言うか、難しいところですが。

現在も白丁出身者がそれを公表できないというのは、今もまだ差別があるからではなくて、過去のこと（差別）があるから。わたしは、衡平社は白丁差別をなくすことについて、半分だけ役立ったと思います。白丁の子孫たちがこれから名乗ることができるようになれば、衡平社の運動は完成する」

日本では、放っておけばいずれ差別もなくなる「寝た子を起こすな」という考え方と、出身も隠すことなく解放運動をしていこうという考え方が大きく二つある。わたしは社会学の教授としての金氏に、どちらがこの種の問題に有効だと考えているかと質問した。しかし「それについては、わたしにはわかりません。ただ日本の部落民が出身を隠さないことについて、わたしは賛成です」とだけ彼は答えた。

「日本の部落問題に対する取り組みは非常に素晴らしいです。特に部落民がそれを公言しているというのは、非常に評価できます。その点、韓国の人権意識はまだ

金仲燮教授

まだ低いといえるでしょう」

　主に第二次世界大戦と朝鮮戦争という二つの戦争、そして八〇年代に興った経済成長で白丁たちが住所と職業を変えていき、やがて白丁かどうかわからなくなったという説は、どうも韓国知識人たちの常識でもあるようだ。誰に訊いても、ほぼ同じ答えを言う。そして今でも食肉関係者に白丁出身者が多いという説についても明確に否定する人がほとんどなのだが、金教授はその点だけは「確かに、今でも食肉と食堂関係に白丁の子孫が多いです」と語った。

「この点については、一般からの参入も多いのでほとんど目立たなくなってきていますけどね。戦前の柳行李作りなどについては、産業化で転職を余儀なくされましたから、それで他の業種に就く人も増えたのだと思います。

　しかし、だからといって人々の意識として食肉業＝白丁とはなりません。それは関係ない。韓国で食肉業が忌避されている事実はありません。今は一般の人でも食肉業に就いている人が多いですからね。畜産関係者に対する差別は韓国ではありません」

　最後になって、これからも衡平社の研究をされるのですかとわたしは訊ねた。

「いえ、わたし個人はもうしないと思います。韓国はそれよりも障害者、女性、老人問題の方が深刻ですから」

　晋州博物館に出かけた。漢方薬局の金章河氏から、晋州にある衡平運動の歴史的な建物などは、ここの館長が詳しいと聞いたからだ。館員に訳を話して、衡平社関係の建物の場所などを尋ねていると、館長室へと通された。そこでお会いしたのは、李今沃・晋州博物館館長だった。

以前、晋州の地元紙に「晋州に衡平社記念館を」という論文が掲載されていたのだが、実はわたしはその執筆者を探していたところだった。偶然にも、話していると、それは李今沃氏本人だったことがわかった。衡平社のことを訊きに来ている日本人がいるというので、館長室に呼んでくれたのだった。衡平社記念館の設立について訊いてみた。

「現在、博物館の展示物が豊臣秀吉の侵略に関するものばかりだったので、できれば白丁についての展示もしたかったのです。しかし住民からの反対もあってできませんでした。今度、日本に連れて行かれた陶工の特別展もします」

「先日、新聞で提唱されていた『衡平社記念館』の構想とはどういうものですか」

「提案している段階なので構想なんてまだまだ。しかし、自分の中では、この城（博物館は晋州城の中にある）の門の前にある姜相鎬の生家跡に建てたいと考えています。どちらにしても低予算で」

「衡平社記念館の建設を提唱されるようになったきっかけは」

「以前、日本の大阪にある『リバティ大阪（人権博物館）』に行ったとき、すごく感銘を受けたのです。それと、やはり晋州は衡平運動発祥の地ですから」

「それについて、地元の反対があるとのことですが」

「ええ。韓国人は『両班（貴族）意識』が強いので、賤民であった白丁には興味がないので、それで反対するのです。それに衡平社は当時、共産主義を掲げていたとして、衡平社員の子孫から『迫害を受けるからやめてくれ』という声もあったのです。ここは田舎ということもあって、こうした新しい動きについては何でも反対するので、困ったものです」

李館長は全羅道・光州出身で、光州事件（一九八〇年に起こった民主化運動。政府から大弾圧を受けた）にも参加していたという。

事件当時は二六歳だった。光州の博物館員として仕事をしていたが、仕事からの帰り道、ちょうど軍が寄ってたかって住民をリンチしていた現場を目撃。「それで血が逆上して」デモに参加、民主化運動に身を投じるようになったという。

「しかし騒乱状態でしたから、事件当時は博物館に泊まり込んで破壊されないように守るのに精一杯でした。結局は住民に良心があり、博物館は破壊されずに済みましたが」

そうした気概から、衡平社記念館建設を熱心に提唱しているのだという。

ところで、全羅道の出身では、晋州での仕事はやりにくいのではと訊ねると「そういうときもありますけど、わたしは晋州が好きですから」と答えた。

全羅道は、歴史的に韓国内で差別されてきた土地柄だ。反対に晋州のある慶尚道は多くの歴代大統領を輩出している、いわばエリート地域なので、こうした質問をしてみたのだ。

「光州が韓国における『現代社会運動発祥の地』であるならば、晋州は『近代社会運動発祥の地』である、とわたしは思っています。以前、ここ晋州で論介《ノンゲ》の像を建てたとき、在日韓国人の方から多額の寄付があり、それで建てることができたのですが、そうした協力を再び仰いでぜひ実現させたいです。

『晋州精神』というものがあります。古くは豊臣秀吉侵略の時に戦って勝利した時のことを指していますが、こうした勇猛果敢な晋州精神が、白丁の運動の元にもなったのです。ですから、ぜひ晋州に記念館を建てられたら、とわたしは願っているのです。晋州市長にも提案はしているのですが、先ほども言ったように反発もありますので、なかなか難しいです」

そしてその後、李館長はソウルへ異動となり、この白丁解放運動記念館の設立は無に帰してしまった。

他にも地元の研究者などに話を聞いたのだが、白丁そのものについてはほとんどの人が興味を示さなかった。興味ある人でも、衡平社の研究や評価には熱心だが、白丁のその後についてはあまり興味がないようだ。どうも無視された存在のようである。

しかし、と思う。押し並べてほとんどの人が白丁差別などもうないと言うのに、一方では今も「肉屋や白丁出身だとわかったら結婚しない」と言う人がいるのはなぜなのか。白丁はもう存在しないというのに、だ。

衡平社リーダーの息子

「父について、ひとつ印象に残っていることでこういうことがありました。

韓国戦争（朝鮮戦争）中のことなんですが、わたしたち家族は、避難先で野菜を栽培していました。社会から隔絶しているような環境だったこともあって熱心に栽培していたのですが、あるとき胡瓜《きゅうり》を、わたしが父に内緒で食べてしまったんです。後で父がそれを知るとわたしにですね、なぜ言わずに食べたのかと、韓国王朝時代のある乱暴な王の話（父が可愛がっていた鹿を殺され、それを見て育った人が悪い王様になったという故事）を例にして、諭《さと》すのです。あとで悪い大人になったらどうする、と。食べたかったら言ってから堂々と食べなさいと。しつけは厳しいほうでしたが、怒ってもそう怖くなかったです。叩かれたことなど一度もなかった。性格的に息子を殴ったりしない人でした」

姜相鍋《カン・サンホ》の息子である姜寅洙《カン・インス》氏と会った。ちょうどお墓参りを兼ねて、住んでいる大邱市から晋州に来ていた。

恰幅の良い体格で笑顔が絶えない。仕草や服装から育ちの良さがうかがえる。父の業績をもっと多くの人に知ってもらいたい、という思いが強く感じられた。

「姜家は代々、両班（貴族）出身で、祖母が昔、かなり金持ちだったらしいです。

父が衡平運動を始めるきっかけというのが、その祖母が穀物の収穫が良くなかったときに貧しい人に分けたりして、それに影響を受けたらしいです。祖母が亡くなってそのお墓参りに行くときなど、昔たすけられた人が、父やわたしのために足が痛くないようにゴザを運んでくれていました」

韓国の墓参りは、墓の前で正座して祈るのでゴザがあると足を痛めない。当時の家などはまだ残っているかと思い、訊いてみたが「だいたい潰れてしまって。今はまだ少し残っているかな」程度ということだった。

父の墓参りに来た姜寅洙氏

「もともと父が白丁問題に興味を持ったきっかけは、三・一運動に参加した白丁が犬みたいに殴り殺されたのを見たことです。本には、ある白丁の有力者が自分の子どもを学校に通わせようとしたら拒否され、それで父のところに相談に来たからと載っていますが、もともとは白丁の人が殴られて（リンチされて）死んだのを見たからです。

わたしも白丁たちが苛《いじ》められている現場を見たことがあります。道を歩いていると、いつも『白丁だ』と叫んで指さす人もいました。

わたしは当時、学校に行くのに白丁の子どもたちと手をつないで登校していました。白丁の子どもだけだと石を投げられたり殴られたりするので、それを守るために父に言われてね。父が一緒に行くこともありました。当時、父は白丁のことを『白丁』と呼ばずに『衡平社員』と呼んでいました。

しかし、父は社会運動ばかりして家庭にはあまり気を使わない人でしたから、戦後は家庭の状況が悪くなりました。学費が払えないくらい貧乏になった。本当に昔は『米の袋が千ある』と言われるくらいお金持ちだったのですが。わたしが中学に合格したときも、お金がなくて入学できなかったほどです。本当に貧乏でした」

晋州にある慶尚大学の近くの広大な山も姜相鎬の所有だったが、今はもう、少しの土地も残っていないという。

姜相鎬は衡平社運動のときだけでなく、その後に起こった朝鮮戦争のときも、共産党とのつながりを疑われて一般市民から迫害を受けている。

共産党の地方役員をさせられていたようだが、そのことについて寅洙氏は「誤解だ」と否定した。「反対に、共産党に家を接収されたくらいです」と言う。このように、共産党にも協力していたという噂をたてられてしまったために、戦後は周囲から白い目で見られてしまった。共産党に協力していたかどうかは、現在の韓国でも微妙な問題なので、あまり深入りして聞かないようにした。

「衡平運動のときは、住民たちが父母を広場に連れてきて、牛を煽ってリンチまがいのこともしたらしいです。『牛を殺してみろ、新白丁』とはやし立てられたり、それに衡平社の他の指導者にカトリックがいたから、姜相鎬までカトリック信者だと言われて。キリスト教の影響は受けていないと思います。クリスマスというと『良い日だから』と、お小遣いをくれたりしたことはありましたが。昔は、一般的にはカトリックを信じているというと大反対されましたよ。

もうね、父のことを忘れ去りたいと思った時期もありました。墓参りに来たくないと思うときも。墓に行くと『他のところに移れ』とか『放っておけ』とか書いた紙が張ってあったりしましたので、辛かったのです。今から一〇年くらい前のことです」

そのような迫害がつい一〇年ほど前まで行われていたということにわたしは内心、とても驚いた。

「ソウルにいる弟は今でも『お父さん』とも呼ばないですよ。父が亡くなってから苦しい時期があったから。でも、今ではわたしは逆に大事にするようになって。墓参りは昔から欠かしませんでしたが。兄弟は全部で五人います。上に姉が二人、それに兄、わたし、弟です。

弟が父を嫌悪したのには、うーむ、それについては家族の中でいろいろあって。

兄が自分の事業のために残ってた土地を勝手に売ってしまったり。兄とわたしは一九も年が離れていて、本当のお兄さんかどうかもわからないのです。最初は娘ばかり生まれたから。兄がいい服を着ていると祖父が怒ったりして。家族の話は、まあこれくらいで勘弁してください。

意識的には本当の兄だと思っているけど。仲が悪くなったのは山を勝手に売ってしまったことからなんです。あの頃はまだ安かったけど、今だったら何億ウォンもの価値があるのに」

この辺りの複雑な事情は、姜相鍋の愛人が絡んでいるようだ。いわゆる「妾」の存在は、当時の有力者には珍しくなかった。また戦後、残った少ない遺産を巡って家族が揉めたという事情もあるようだ。わたしは白丁に話を戻した。今の白丁について、どう考えているのだろうか、と。

「最近、韓国の新聞記者が、白丁の人たちにインタビューして記事を書こうとしたら、ずいぶん反発されたようです。『どうしていまさら先祖の話をしなきゃならないの』と。実名は使わなかったけど、記者たちは情報を得るために、その人の心の奥まで入り込むでしょう？　それでなんてことするんだ、と子孫の人たちが怒ったのです。今は平等になったのに、なぜそういう昔の話をするのか、という反発ですね。

わたし自身は、誰が白丁かどうかわからなくなったから、白丁差別はなくなったんじゃないかと思っています。

ただ、今でも相手が白丁だということを知ったら、普通の人は結婚しないでしょうね。でも今は誰かわからなくなったから、わからないと差別できないという状況ではないでしょうか。こうした問題は、戦前の人の頭の中に閉じ込められている差別意識だから、記憶を消さない限り、なくならないでしょうね」

これは韓国人の標準的な考え方といえよう。しかし、父母への苛烈な弾圧や差別の実態を目の当たりにしている事情を考えれば、こうした答えになるのも仕方ないかもしれない。

雑談の最中、日本の被差別部落についての話になったとき、彼は「どうして先進国である日本で、いまだにそのような問題が残っているか、理解できない」という疑問を吐露した。

これは多くの韓国人が抱く疑問であるが、彼は「引っ越せばいいのに」と、これも多くの韓国人が言う〝簡単明瞭な解決策〟を口にした。

その土地に住むことで差別されるのなら引っ越せばいいという現実的な考えと、なぜ差別の被害者が自ら引っ越さなくてはならないのか、悪いのは差別の方だという理想的な考え。

わたしは韓国に来てからというもの、こうして一から根本的に考えさせられてばかりいる。答えはもちろんでることはない。いや、そもそも答えを出すほうがおかしい問題なのかもしれない。韓国でのわたしは、いつもこのような根本的な問題に直面していた。

そしてほんの一〇年前に、父の墓に迫害の落書きをされた息子の心情を思うと、この問題の根深さに、わたしは心からの同情を禁じえなかった。

「父はわたしの誇りなので今日はお話ししましたが、本当はもう、そっとしておいてもらいたいのです」

最後に、姜相鍋の息子はそう呟いたのだった。

作家・鄭棟柱氏との対話

鄭棟柱《チョン・ドンジュ》氏は一九四九年、韓国慶尚南道・晋陽出身の作家である。詩集『農夫の歌』発表後、当初は詩人として活動を始めた。後に活動の場を小説に移し、白丁をテーマとした長編大河小説を相次いで発表している。邦訳には白丁をテーマとした『神の杖』（解放出版社）、在シベリア韓国人に取材した『カレイスキー』（東方出版）がある。

白丁については韓国内でアンケート調査を実施した経験もあり、特に現代の白丁問題に関してはもっとも精細に知る人物である。大きな体、朴訥とした魅力のある方で、日本では「韓国の小田実」と評されている。晋州の南にある氏の自宅で話を伺うことになった。

わたしはまず、彼にこのことを第一に聞きたかった。それは白丁差別が、果たして今の韓国にあるのかないのか。わたしが今までしてきた聞き取りでは、誰に聞いても「ない」という。しかし彼だけが、白丁差別について「ある」と答えている。

「制度的にもうないことは確かだ。しかしその制度も国民の反省からなくなったのではなく、改革や南北（朝鮮）戦争などの突発的な変化によって、階級制度や白丁の集落がなくなったにすぎない。人々の心の中にはまだ差別が残っているといえる。韓国の差別は、表向きは平静を保っていてまったくないようにも見えるのだが、そこに何らかの『刺激』が加わると、内在している差別が爆発する危険性がある。今のところ表面化はしていない。例えば息子の結婚相手が白丁出身だとわかったら、多くの親たちは反対するだろう。都会など流入者が多い場所でもこうした問題は起こっているが、安東とか晋州などの保守的な田舎町では特に、絶対に許されない結婚として問題になる。五〇代以上の人のほとんどは問題にするね。具体的な例としては、少し古いが八八年頃、結婚式の三日前に花嫁が自殺した例がある。このときは花嫁の父親が白丁で、屠場で働いているのがわかって破談になり自殺した。場所は大田《テジョン》だ」

わたしはしかし、自分の行った聞き取りでは、ほとんどの人が白丁差別なんてないと話しており、これはあなたのいっていることと違うようですが、と訊ねた。

鄭氏はそれを聞きながら韓式茶道にのっとりノッチャ（緑茶）をわたしに勧め、そして静かに口を開いた。

「現実に、白丁出身の人に向かって『お前たちは白丁だろう』と言う人がいるにもかかわらず、白丁差別はもう存在しないなどと言うのは、まったく変な

鄭棟柱氏

話だとしか言えない。差別はあるんだ！　なのに、なぜ差別が存在しないと言うのか、自分にはまったく理解できない話だよ。存在しないなどと言うこと自体が差別だよ！」

それまで静かだった氏が突然、激高して話しだした。本当にそうした現状について不満であるようだった。わたしは「畜産関係に白丁出身の人が多いと聞いていますが」と訊ねた。

「いや、今はそうでもないと思う。しかし、白丁の流れを汲んでいる人も、もちろん多い。中には自分の子どもに『自分はそこで働いていない』と教える人もいる。屠場などで働いている人たちは今でも結婚が難しいのだが、これなどは、白丁への偏見から起こった差別だ。日本では興信所などを使って相手の素性を調べることもあるようだが、韓国ではそうしたものはあまり使わないと思う。そんなことしなくても、白丁かどうかは戸籍でわかるんだ。戦後、一九四五年以降の戸籍には記載されていないのだが、それ以前の植民地時代の戸籍には職業が記載されている。その戸籍は役所に保管してある。もう破棄した所もあるようだが。牛を殺す人や皮革業に従事する人はすべて別個に表示してある。朝鮮総督府が支配に必要だということで作らせたものかもしれないな。韓国では個人情報がインターネットなどでかなり流出しているから、調べるのは簡単だよ。情報化時代の悪い点だな。以前、日本で大きな問題となった就職差別についても、韓国ではない。しかし実際はわからないからな、そういうことは。もしそういうことをしているとしたら大きな問題だが」

白丁部落の存在について、わたしがそれを探していると話すと「ないと思うが、正確なところはわからない」と言う。韓国人による調査でも、現時点ではよくわかっていないのだ。その原因として氏は、やはり朝鮮戦争の混乱を第一に挙げた。

「韓国における白丁の問題を理解する上で、一番重要となるのが南北の戦争だ。白丁村がなくなったのは解放運動の成果でも、国民の差別してきたことによる反省からでもない。戦争当時、一千万ちかくの人々が南へ避難してきて混乱の極みにあった。仕事もないので、多くの人が白丁でなくても牛を屠畜して食べたり、そうした仕事もするようになったと考えられる。混乱の中、白丁層は住む場所や仕事も変えざるを得なくなり、こうした変動もあって部落は消滅した。しかしまあ、そうはいってもだいたいの白丁層は、そのまま元の仕事についたと考えられているが」

《子どもの頃、白丁部落に一人で行って何か物を盗ってくると「一日大将」になれるというので、勇気を出して部落へ行くと一人の白丁の少女に見つかる。少女は一般地区の子どもが何をしに来たかを察し、家にあった何か小さな物をその子に握らせて帰させる。待っている友達の元へ転がるようにして走って帰ったその子が、握った手の中にある少女からもらったものを見てみると、それは小さな肉の塊だった。食糧難の折り、子どもたちはそれを分け合って食べた》

これは鄭氏が幼い頃、実際にあったエピソードである。地元では名家として知られる家柄の氏が、白丁問題に取り組み始めたきっかけは、こうした実体験が元になっている。

「わたしの文学のテーマは『自由』ではなく、『人間はどうして不平等なのか』なんだ。足の不自由な人がそれを治すことはできないし、女性が蔑視されているからといって男性になることはできない。

それと同じように、抑圧を受けたり阻害されている人が、そこから抜け出そうとしても不可能なことはあるだろうし、また実はその努力がよくない結果をもたらすことだって現実的にある。自分は、そういうことをもっと深く掘り下げてみたいと思っているんだ。

外に視線を向けるだけでなく、自身の世界観を深める必要がある、と。機能的なことや制度的なことを変えることはできても、人間、人というのは根本的なことを変えていかない限り、そう変わることはできない。そういうことを最近、考えている。時代によってはそれが革命などになって現れることもあり、そういうことが不必要とは思わないけど、結局、人間自身が変わらなければならないと、わたしは思っている。

白丁についても、白丁が抑圧されて生きていたことは間違いない。しかし、抑圧していた人、抑圧されていた人たちはどこに行ったのか。それは例えば、今、窓の外にあるあの木を揺らす風だ」

わたしは窓の外を見た。意味がわからず「風、ですか」と聞くと「うん、つまりそれを云々することは空しいことだと考えているんだ」と、氏は説明を付け加えた。詩人らしい表現である。

目に見える事象を追うのではなく、人間一人一人が根本的に突き詰めていくことが肝要だ、ということなのだろう。

「さっきも言ったように、制度的にも現実的にも白丁なんてものは存在していない、意識の中で存在しているだけなんだな。これが日本と違って、韓国のわかりにくいところでもある。例えば、結婚のときに相手のおじいさんやお父さんが白丁だったとしたら結婚を許すかとインタビューしたら、それはもう、多くの人が許さないだろう。実際は白丁なんていないのに、だ。しかしその祖先が問題になるのだ。身内の人が、遺伝的に障害があったり過去に何かあったりしたら問題になる。それと同じ感覚なんだ。実際に結婚できたとしても、後で喧嘩になったりしたら、必ずそれが話にでるのも同じだ。だから白丁差別というものは、韓国人の心の中に残っている幽霊みたいなものなんだ。それにもかかわらず、現在では白丁差別はないと言うならば、それは正直な話ではない。韓国では六〇年代以前までは白丁部落が残っていたし差別も歴然と存在していた。みんな、その記憶があるんだ。しかしだからといって、もしあと一〇〇年たってその実際の白丁の記憶がある人がいなくなったとしても、差別は生き続けるだろう。風化するだろうと言うのは、間違っている。この問題は子々孫々、伝えられていく可能性が高い。

差別を克服するためには『それが当たり前だ』という意見と闘わなくてはならない。

だけど今の韓国で白丁問題が潜在化してしまってわかりづらくなったのは、韓国民が差別と闘ってなくしたのではなく、朝鮮戦争のような社会的な動乱によって変化してしまっただけだ。自分は、これは大きな問題だと考えている。朝鮮戦争がなかったら、日本の部落のように、韓国でも白丁村は温存されていたと思うよ。そうじゃなきゃ、そんなものは絶対になくならない。

また今の韓国には、違う問題が出てきてる。朝鮮族（中国で生まれ育った韓国・朝鮮人）の問題がそうだ。在日韓国人も祖国である韓国内で迫害されている現実があるが、こうした問題が『新しい白丁』問題だといえよう。何のことはない、対象が変わっただけなんだよ」

白丁部落がもうないとしたら、具体的に、白丁の存在が現代韓国で確認できる事象はあるのだろうか。

この点について鄭氏は、韓国人が話す侮辱的な言葉の語源の多くは白丁からきているのだが、現実には見えなくても、こうして例えば言葉の中に流れて温存されていると言う。

具体的な例をいくつか挙げてもらったのだが、まず「チョーチンダ」という言葉がある。これは「踏み潰す」という意味の言葉で、非常に侮辱的な意味合いを持っていて、実際は「殺してしまえ」くらいの強い意味がある。

元々は白丁たちが無許可で牛などを屠畜する非合法の場面で使ったスラングなのだが、

変化して一般でも使われるようになった。今では女性を強姦するときにも使われるようになってしまい、より悪い意味のスラングとして残ってしまっている。つまり白丁が使っていたスラングを、悪い意味に変化させて一般人が使い始めたということだ。

また「カンダ」というのもある。何かの話を「暴露する」という意味だが、語源は白丁が牛の骨を折ることを「カンダ」と言っていたのが変化したもの。

そして「チョーダ」は〝最上級の馬鹿〟という意味で、特に男をもっとも侮辱するときに使う。これも元は白丁が牛を屠畜するときに使うノミ、斧といったような道具の名称なのだという。

このような、いわば〝白丁の隠語〟が今も韓国スラングとして、韓国人の中に生きている。

これらの会話を氏と交わしていると、通訳嬢が「えー、知りませんでした」と本気で驚いている。

「え、こんな言葉をあなたも使うことあるの？」とわたしが訊くと、

「はい。チョーチンダとかチョーダとかは、たまにわたしでも使います。チョーチンダは嫌なことされたときとか、男の人が冗談で使ったりすることもあります。何か失敗したときとか独り言みたいにして。えー、でも知らなかった、恥ずかしいです」

と顔を赤らめている。

ここで白丁の隠語を起源とする韓国スラングについて他に三点ほど鄭氏にお聞きし、

現代の若者代表としてこの通訳嬢に、どのような場面で使うか考えてもらった。

まずは「コンチンダ」。これは念仏なしに牛を屠畜することだったが、今は客が何も買わなかった場合に店の人が言ったりする。「テガルトン・ウル・ケピルラ」。頭の急所を殴って牛を屠畜する方法のこと。現在では「頭をかち割るぞ！」という強い意味。喧嘩が激しいときに使うが、女性が使うこともある。

そして「セッパチンダ」。無駄な苦労をすること。現在では疲れきったときなどに呟く言葉で、女性も言うときがある。

こうした言葉は地方によっても多少違ってくるのだが、今でも約八〇〇単語くらい残っているという。

「昔は大きな寺の下には必ず白丁の集落があったのだが、そこなどで話されていたんだ。なぜ寺の下に必ず白丁村があったかというと、昔ヨンサングンという有力者が仏教を弾圧したとき、嫌がらせで白丁村を寺の下に置き、屠畜場を建てたのが始まりだったようだ」

やがて、話は衡平社に移った。日本人のわたしにとって衡平社の興味深いところは、のちに〝新白丁〟と呼ばれた両班階級出身の姜相鎬らが参加している点であろう。

上流階級であった者が白丁解放運動の主導権をもっていたということは、日本では融和運動において主に上流階級といわれた人々が関わっていたものの、水平社では考えられないことだ。また水平社運動に一般の人が参加することはあったが、一般人がリーダーとして活躍したというのは聞いたことがない。韓国と日本の解放運動を比較する上で、この点が大きな違いだといってよい。

「実は、韓国の解放運動が失敗した理由がそこにあると思う。純粋な白丁ではない知識人たちが参加して、本当の人間の解放ではなく、運動の方向を社会改革の方向にもっていってしまったんだ。戦前、衡平運動を利用したのは朝鮮共産党と新幹会の二つの勢力だった。この二つとも社会運動団体だ。で、この二つの団体が関わることによって、白丁の団体である衡平社も、急進派と穏健派に分かれてしまった。それに当時は抗日運動もあったから、衡平運動自体が下火になってしまったんだ」

抗日戦争や朝鮮戦争は韓国に大変な打撃を与えたが、白丁たちの衡平社運動についても例外ではなかったのだ。鄭氏は「不幸に作用したのだと思う」と呟いた。

では、朝鮮戦争は韓国にとって大変不幸な戦争だったが、こと白丁に関していえば、その戦争によって白丁部落がなくなったわけだから、彼らにとっては良かったとなるのだろうか。その点について鄭氏は「そうだ」と、静かに肯定した。

また、日本の解放運動について、日本には「寝た子を起こすな」という考えと、そうではなくどんどん主張してやっていこうという考え、この大きな二つの考え方がある。韓国の白丁の状況を見れば、「寝た子を起こすな」でも一定の効果があるような気もする。なぜなら、日本と違い、韓国の白丁は多くの人にもう存在しないなどと言われてい

るのだからだ。どちらがより良い方法なのか、この命題について鄭氏は、

「二つとも長所もあれば短所もあるからねえ。どちらか一つこれだ、というのは難しいよ。ただ、先にも言ったが放っておけば風化する、という考え方は間違っている。しかし、解放運動を進めていくにも大きな問題が出てくる。

例えば女性差別、異民族差別、環境問題。そういうものを含んでいきながら、運動がどんどん肥大化していく。そういうふうにしていくと、日本を例にすれば元々の部落問題ではない、もっと大きな問題を伴うことになる。それを『連帯して闘争する』と言ったりするのだが、そうすると運動の純粋性をなくすことも多い。本来の方向について、運動家自身がとどまることができなくなってしまう。そしてこれは社会運動の特色の一つなのだが、運動を続けていくためには、その運動自体のためのエネルギーが必要になってしまう。つまり、『解放運動のための解放運動』になる危険がある。部落解放のためとは全然次元の違う話が、そこに生じることになる」

しかし、解放運動を擁護するわけでも批判するわけでもないのだが、様々な問題というのは基本的には同じ根を持って繋がっているという観点から、連帯していく、またはいろんな問題にも波及していくというのは自然で、当然の成り行きともいえるのではないだろうか。連帯は共闘という考え方からも、また運動の継続という意味でも重要視されて久しいことでもある。

「その通りだ。しかし、君の言ってることはとっても難しいことだ。理論上ではそうい

うことは言えるだろうが、運動をしている人の立場では、その純粋性をなくしやすい。例えば解放運動がUN（国連）のNGOで正式な認定を受ける。そうすることによって、国際的な連帯を享受できることは事実だ。でもそれと日本の被差別部落と、いったい何の関係があるのかね。もし誰かがそう攻撃してきたら、それに答えることは難しいだろう？」

確かに、現に各運動団体が一般的部落民から浮いてきている事実はある。やはり行政からお金が出て利権ができると腐るのも早い。また、水平社時代の流れでいこうという動きもあるが、主流から外されている。

「それはとても重要なことだよ。さっき言ったように解放運動によって生きていく人たち、食べていく人たちができてくると、食べるための運動になってしまう。そうなると部落の実際の問題とかけ離れていってしまう。わたしはそれをもっとも憂慮しているんだ」

では、今の韓国で七〇年前の衡平社運動のような運動、例えば白丁の団結とか、そういうものは必要とされていないのだろうか。もう存在しない彼らが集まる理由はないのだろうか。

「いやいや、とっても必要なことだよ。しかし、今の韓国社会は多くの社会問題を抱えていて複雑になりすぎていることもあり、差別問題だけを取り上げて云々するのは困難だ。また政治権力のようなものがその先を断って歩いているために、社会運動として起ることができない。NGO団体が韓国でもたくさんできているのだが、今や政治権力に吸収されつつある。また一方で、白丁解放運動の記念館を衡平運動発祥の地・晋州に建てようという提案について、なぜか白丁の研究者が反対した事実がある。今では亡くなった人も多いが、衡平運動に参加した人たちの中にも反対の声が多い。そんな良くない歴史を残してどうするんだ、そんなものを建てるなんてとんでもない、と。そんなこともあって、建てようなんて言う人はもういなくなったよ」

わたしにはしかし、一つだけ腑に落ちない点があった。

いくら朝鮮戦争で全土が焦土と化し、皆が避難民になったとしても、人間というのは結局は、住んでいた土地に戻ってくるのではないか。そう簡単に、生まれ育った土地を人は捨てられるものなのだろうか。ましてや皮革や食肉業というのは技術職であるから、そこから離れて違う仕事にみんながみんな、就けるものだろうか。これはわたしの大きな疑問であった。

「ふむ。その考えは良い考えだと思うが、どうかな。仮に白丁部落があったとしても、実際は住民感情もあって訪ねるのは難しいよ」

白丁部落の存在については、韓国全土をくまなく調査したわけではないから、まだ可能性はある、という程度のようだ。

ところで、日本のように墓石に差別戒名（戒名に屠や隷などの言葉を入れる）を入れたりした、そうした遺跡的な物は韓国でも残っているのか。また昔の白丁たちが使っていた道具などは残っていないのだろうか。

「碑石自体を建てることができなかったから、そんな物はないよ。道具も残ってないねえ。わたしもさんざん探して歩いたんだけどね。

それともう一つ言いたいのは、韓国人の意識としては、自分たちに都合の悪い歴史は忘れようとする傾向があるんだ。日本とは逆だが。韓国はとても祖先を大事にするのだが、祖先を大事に思うからこそ、そのへんを歪曲してなくしてしまおうとするんだな。白丁の場合、以前は族譜について持つことを許されなかった。現在では白丁に限らず、みんな偽造された物を買って持っている。韓国民はみんなそうだよ。もともと名家の人以外は必要としていなかったからね。わたしの姓の鄭だって、晋州地域では名家とされているが、そんなのは全部一九五〇年以降に勝手に作られたものだよ。みんなウソばかりついてるのさ」

わたしはここで鄭氏に、中上健次という作家を知っているかと聞いてみたら「知らない、どういう人だ」と反対に聞かれた。路地文学と呼ばれ、被差別部落について書き続けた作家で、四〇代で亡くなりましたと答えたら「酒の飲み過ぎで死んだのか？　よくやった」と笑った。中上健次はべつに酒の飲みすぎで死んだわけではないと思うが、無理な生き方がたたったのではないかとだけ説明する。

氏はまた、白丁についてはもう執筆を止めて、そろそろ違う問題にも取り組んで行きたいと話した。

とはいえ白丁のことを専門に描ける人は少ないので、鄭氏でもそう簡単には他のテーマに移れないようだ。また彼は、日本の被差別部落についても執筆している。白丁を描く韓国人作家から見た、日本の被差別部落。とても興味深いが、残念ながら邦訳はまだ出ていない。

わたしはまた、日本でも有名な韓国の詩人・金芝河《キム・ジハ》氏の「衡平社運動を掘り返して再評価しなければ」という言葉を挙げて感想を聞いてみたのだが、

「彼のその発言について言えば、彼にそんなことを言う権利はない。彼は民族運動に何の貢献もしてこなかったのだから」

と、痛烈な批判が返ってきた。韓国の抵抗文学の話として興味深かったが、この辺りの話を始めると核心から逸れるので、話を戻すことにした。

鄭氏の著書『神の杖』が日本で出版される際、障害者差別にあたる表現であるとして、日本の出版社から削除を求められた箇所があると聞いていた。

「韓国では普通の表現でも、日本では差別にあたると指摘されたので、けっこう直したな」

「どう思われましたか」

「ただ敏感だな、と思ったよ」

わたしは差別語を差別表現として隠してしまうのではなく、言葉を追放しないでそのまま読者に出したほうが良いと考えており、その点では大らかな韓国のやり方を評価し

ていますが、と話した。

「そうだね。指摘されてなくすことはなくしたけど、それによって差別がなくなるわけじゃないからね」

「そう。言葉が差別するのではなく、人間が差別するのですからね」

わたしがそう話すと、鄭氏は大きく笑いながらうなずいた。

「まず確かなのは、書き変えた文章が決して文学的に的確な表現だとは思わないからね。直した描写についてはとても変なふうになってしまった。例えば、盲《めくら》のことを『目の見えない人』と書いて、本来のニュアンスを出すことはできない。そんなことを言い出すと、究極的にはじゃあメガネをかけてる人も障害者だ、ということになってしまうからね。難しい問題ではあるが……」

「日本では運動団体の肥大化・強権化から、マスコミが自主規制を敷いたため、いまだに部落問題がタブーになっています」

「うむ。しかしマスコミにしろ運動家にしろ、それで食べている人たちだからね。変えていくのは難しいだろう」

鄭氏は別れるとき、元気を出せとわたしの手を握ってくれた。

わたしは自分が元気でないことに、自分で驚いていた。というのも、やはり白丁差別はあるのだという思いから、憂鬱になっていたのだ。結婚差別についての証言はすでに聞いていたが、白丁自身が隠しているので、実際には、結婚のときにそれはわからないだろうと思っていた。だからまだ白丁差別については半信半疑だったのだ。

それにしてもその観念化した、たとえば職業差別などに転化してしまった白丁差別を、どうやったら検証できるのだろうか。これは本当に、「窓の外の木の葉を揺らす風」と対峙しているようなものだなと思った。

鄭氏はわたしの肩をしっかりと抱いたまま、バス停までの道を一緒に歩いてくれたのだった。

第三章
白丁とは何か

韓国の被差別民

韓国の老人と日本語で話していたときのことだ。何の目的で韓国にきたのかを説明するとき、「白丁のことを知りたくて」と説明していたのだが、この白丁つまり「ペクチョン」という言葉がどうしても通じなかった。日本人にはとても難しい発音なのだ。そのため、仕方なく紙に漢字で書いてみると、その老人はこう叫んだ。

「なんだ『はくてい』か、エタのことじゃないか！」

そのときは釜山のカフェで話していたので、わたしは老人の開けっぴろげな日本語に驚き、思わずひやりとして周囲を気にしてしまった。しかし、彼は六〇年以上前の日本

語を話すので、「エタ」という言葉を使うのも、よく考えてみれば当たり前なのだ。

白丁は、日本語では「はくてい」と読み、韓国では「ペクチョン」と読む。

実際「ペクチョン」という発音は日本人にはとても難しく、また「はくてい」という日本語読みを理解する通訳者はほとんどいない。だから韓国では「ペクチョン」と言わざるを得ない。それで最初のころは、通訳者であっても白丁について話をするときは、紙に書いて説明していた。

白丁は老人の言うとおり、簡単にいえば日本の被差別部落民のようなもので、起源すら同じではないかとする説もあるくらいだ。

もっとも、韓国人でもそのほとんどが白丁については名称しか知らない。これは、一般的な日本人も、被差別部落民のことについてどれだけ知っているかといえば、心もとないのと同じだ。両国とも、被差別民について大っぴらに語られることがほとんどないからだと思う。日本の被差別部落民を大雑把に理解しておくと、白丁についても理解しやすいだろう。

日本の被差別部落民をごく簡単に説明すると、非人系とエタ系に分けられる。

非人系というのは、乞食や芸能などを生業とする、雑多な賤民集団のことだ。江戸時代までは各藩の支配下にあり、各地方の非人集団にはリーダーもいた。しかし身分制が崩れた後は、その曖昧な存在ゆえにほとんど消滅したか、見えない存在になってしまっている。こうした存在の人々の中でも、特に芸能集団について韓国では、才人《ジェイン》や広大《クワンデ》などと呼んでいた。

しかし今日、日本の部落問題、同和問題として取り上げられているほとんどはこの非人系ではなく、エタ系についてである。

エタといっても、各地方でそれぞれ違いがあるので一概にはいえないのだが、要は明治に入るまで、死牛馬の処理を担った民のことを指す。普段は農作業の他にもいろいろな家庭用品、工芸用品の内職などをしているのだが、牛や馬が死んだときは、彼らが引き取って解体してしまう。この作業は、当時の価値観からは穢《けが》れているとされていたため、差別されていた彼らが独占的に担わされていたのである。

そして、解体した後に残った皮をなめし、革製品を作っていた。また地方によっては、警察の下っ端なようなこともしていた。こうした仕事も、庶民から恨みをかいやすい仕事であった。

今日の同和問題とは、このエタの子孫たちを差別することから始まっている。エタは死んだ牛馬の解体という、見た目に直線的に飛び込んでくる鮮烈な仕事を担わされてきたので、他の賤民に比べて差別はもっときつかった。

韓国の白丁は、この日本のエタとてもよく似ている存在である。

ただ、これは大雑把な捉え方をすれば似ているというだけで、日本との違いは、細かなことを挙げればきりがない。

大きな違いを一つ挙げるとしたら、古来より肉食が盛んだった韓国では、白丁は死牛馬の処理というよりも、屠畜と精肉業を生業としてきたことだろうか。

儒教の国・韓国と違い、日本は仏教国なので殺生を忌み嫌っていた。そのため部落民も屠畜はほとんどしていなかった。日本で本格的に屠畜が開始されるのは、文明開化が声高に言われ始めた明治以後のことである。反面、韓国の屠畜の歴史は古い。

その点が違いの一つだが、一般的にいうと処遇や身分的地位について両者は酷似している。

白丁のルーツ

朝鮮の歴史を簡単に記すと、次の四つに分けられる。

①三国時代（四世紀半ば〜六六八年）
②統一新羅（六六八〜九三五年）
③高麗時代（九三六〜一三九二年）
④李氏朝鮮時代（一三九二〜一九一〇年）

三国時代は高句麗、百済、新羅と朝鮮半島が三つに分かれて群雄割拠していた時代だ。この頃の因縁から、現代の全羅道（旧百済）への地域差別へとつながっていくことは、日本でもよく知られている。

朝鮮において身分や階級がはっきりと定義され複雑化していくのは、朝鮮統一を果たした統一新羅の次の高麗時代からだとされる。

高麗は中国の唐から律令制を取り入れ、身分階級を定めていく。その後、日本などアジア諸国へと広がっていくことになる。

高麗時代にはすでに奴婢《ノビ》、才人《ジェイン》、楊水尺《ヤンスチョク》などの賤民たちがいたとされている。奴婢は、いわゆる奴隷と同じような存在だが、その中でも公奴婢・私奴婢などに分かれていた。公奴婢とは王族などに仕える奴婢でさまざまな職に分かれ、妓生《キーセン》などもこれにあたる。私奴婢は個人所有で、いわば使用人である。才人は前述したように芸人を指し、広大《クワンデ》とも呼ばれるようになる。

この楊水尺と呼ばれた民が、その後の白丁になったと考えられている。

この白丁のルーツについては、韓国の作家・鄭棟柱氏らからの聞き取りを元に考えてみたい。彼はその著書で一〇の説を紹介しているので、若干の解説をつけながら見ていこう。

《神話》

①夏萬氏塗山万国会説

②箕子八条禁法説

《異民族》

③インド下層民流入説
④西蔵族移民説
⑤濊族説
⑥韃靼《だったん》人説
⑦倭人説
⑧一般民避難説
《政治犯》
⑨成均館人説
⑩杜門洞七二賢説

《神話》の二つは神話的だけに眉唾ものなのだが、話として面白いものもある。

たとえば①夏萬氏塗山万国会説についてだが、この夏萬氏塗山万国会というのは、大昔の国会のことだ。ここに檀君《だんくん》（建国神話に出てくる民族の始祖）の太子が出ることになった。この会は一種の国際会議だったので、太子が帰国するまでに相当の時間がかかる。そこで太子は自分の友人を政務の代行者に任命して出発した。

しかし、周囲の人間が、この友人を陥れようと計画した。どうしたかというと、太子が出かけた後、軍隊を動員して動物を殺したり、家畜を逃がしたりしたのだ。当時の政務で重要な任務が、家畜の管理にあったため、こうすれば太子の友人を貶《おとし》めることができると考えたのだ。

帰国した太子はどうしても友人を処罰しなくてはならなくなり、そこで下した処罰が生涯、家畜を屠殺することに従事せよ、というものだった。これが白丁の始まりになったというのだ。

また②箕子八条禁法説とは、紀元前にあった箕子朝鮮という国の法律が非常に厳しいものだったことに始まる。その中の一つに「他人の物を盗んだ者は、その持ち主の奴隷になること」という法があった。たいていの、多額の罰金を払えない者は奴隷になり、その者は子孫も永遠に奴隷になると定められていた。その子孫が白丁だという説だ。

《異民族》説についてだが、中国と陸続きであり、日本とも関係の深い朝鮮半島の地域性がよく現れている。⑧は異民族説でないが、便宜上この項に入れた。

③インド下層民流入説はその名の通り、インドのアウトカースト・不可触民たちが朝鮮半島に流れ込んできたため、という説。

④西蔵族とは、チベット族のことで、彼らが流入してきたという説。彼らの生活は牧畜が中心で動物の屠殺にも慣れているから、というのがその理由だ。

⑤濊族説とは、そもそも濊族という大昔の朝鮮の一民族が、中国との戦争で滅ぼされた。その生き残りが白丁という説。

⑥韃靼人説は、白丁の起源としてはもっとも本命視されている説で、後述する。

⑦倭人説は、日本人の子孫が白丁だという説。豊臣秀吉の命による朝鮮征伐の撤退後、置き去りにされた日本兵士の生き残りが後の白丁になったというのだ。本当だったら興味深いことではあるが。

⑧一般民避難説は、朝鮮王朝の厳しい政策によって生活が窮乏し、生活のために白丁になったという説。

《政治犯》

⑨成均館人説の成均館とは、高麗・忠宣王の時代の国立大学のことだ。高麗時代末期、当時最高の学者であった安祐がこの成均館に土地と奴婢百人を献納した。その後、高麗は崩壊するのだが、朝鮮時代に入っても成均館の奴婢たちは高麗の精神を掲げて朝鮮政府に従わなかったため、弾圧されるようになった。これがのちの白丁になるという説。

⑩杜門洞七二賢説は、白丁出身者たちの多くが信じていた説で、朝鮮王朝を建てた李成桂と、高麗時代の学者や忠臣たちとの間の確執が話の元となっている。

当時の支配者・李成桂の下で政治参加を拒絶した学者や忠臣たちは、弾圧を受け虐殺という憂き目に遭う。そのため彼らの一族は松岳山にこもることになるのだが、この山にこもった人々のことを七二賢人と呼んだ。李成桂は密使を送って話し合いを試みるが失敗、兵を動員して山に火をつけ、皆殺しすることになる。多くの者が焼け死んだが、かろうじて生き残った人々が朝鮮各地に逃れ、それが白丁になったというもの。

この誇り高い説は、白丁出身を公表していた金永大氏はじめ、白丁出身者たちの多くが主張していたという。白丁は他の階層の人々と結婚できなかったのだが、それを逆手にとって、実は自分たちの方が高貴な出身なので、それで他の階層の人々と結婚しないのだと代々伝えていたこともあるようだ。

また、白丁解放運動組織である衡平社が、日本の水平社と一線をおきたがっていたという説があるのだが、その理由に、自分たちはもともと政治的な理由で抑圧を受けた結果としての賤民であって、日本の被差別部落民とは成り立ちが違う、という思いがあったようだ。

この説は、それを裏付ける伝説的役割をしていたのであろう。しかし現在、その信憑性については非常に疑問視されている。

衡平社の白丁たちは生涯この「杜門洞七二賢説」を信じていたのだが、そこには自身の正当化への渇望を感じる。

異民族説

白丁のルーツについては、以上のようにだいたい一〇の説があるのだが、これらの中でもっとも有力視されているのが、異民族説だ。

楊水尺《ヤンスチョク》が白丁の起源とされる賤民だということは前述したが、彼らは元々、大陸から流入してきた外国人であったとされている。つまり中国北方の匈奴族、韃靼族、女真族などの異民族が捕虜として捕らえられ、または難民として逃れてきた者たちが後に帰化して、楊水尺になったとみられている。

さらに朝鮮の歴史書『三国史記』には、彼らが集団で暮らす場所を「部落」と呼んだとある。スクシンとマルガルという小さな二つの部族が中国から連れてこられたが、彼らは元々遊牧民だったから、食肉の処理が得意だった。

記録では二八〇年にスクシンを攻撃、六〇〇家族を連れてきたとされる。そして彼らの住む場所を「部落」と呼んだという。すなわち、

部＝匈奴族の住む場所

落＝匈奴族が集まってできた大きな集団

元々は、そこから「部落」という言葉が生まれたのではないか、そしてこの「部落」という言葉自体が朝鮮語でも日本語でもなく、匈奴族の言葉だったといわれている。

「部落」という言葉については中国の『漢書』にも「未開人の集団、蛮夷の群が集まって住むところ」と説明されているという。この呼び名は三国時代初期にはもう定着していたと考えられており、やがて異民族が住む場所を指して「部落」と呼ぶようになっていったとされる。

韃靼族については、元が滅びた後、モンゴル族の一部が北方に移動して興安嶺の西南地方で北元という国を建てたのだが、これを韃靼と呼んでいたことに由来している。彼らはタタール人とも呼ばれた。その多くはイスラム教徒で、一三世紀のモンゴル軍侵入

の際、シベリアのトルコ系原住民フィン族、サモエド族、カフカス人ら多くの種族と混血して複雑に交じり合った種族だったという。戦いを好み、生活が苦しくなると妻や娘に売春させ、果ては売ることもあり、習俗は浅薄で低俗だったと伝えられている。ただこれは当時の支配者による記録なので、かなり偏見が入っていると思われる。

彼らの一部が高麗に帰化したのだが、その後も放浪生活は続いた。高麗では当時、仏教が勢力をもっていたこともあって、一般民衆とは馴染めなかった。そのうえ国に混乱があれば、彼らは倭寇に変装して略奪を繰り返したため、民衆から指弾の対象となり、残忍な仕打ちを受けながら生活するようになったと伝えられている。

その後は人数が次第に増えてきたこともあって、彼らは賤民の身分として厳しく管理されるようになった。また芸能を生業とした広大《クワンデ》なども、同じく楊水尺《ヤンスチョク》出身だとされている。

こうして白丁の起源は異民族と考えられているのだが、それを否定する説もある。この点はこれからも研究されていくとして、現時点では、異民族説とそれ以外の説のいくつかが、複雑にからみ合って形成されたと考えた方が良いだろう。余談だが、⑨の成均館は実際に存在していて、白丁がそこにいたのも事実だ。

その成均館についてもう少し述べれば、そこでは祭事の折に牛肉を供えるために、白丁たちが仕えていたという。しかし、賃金に値するものが支払われなかったため、白丁らは生活のために肉の商いと屠畜を、朝廷の許可をもらって始める。

それが朝鮮における、最初の公式な食肉販売店だとされている。一六七五年には四八店舗の肉屋が出ていたという。

また、この当時の肉屋を現す言葉の一つに「庖厨」という言葉がある。これがのちになまって「プジュ」と呼ばれるようになった。この「プジュ」は、牛と豚の肉を一緒に売る店の名称として、現在の韓国でも用いられている。

彼らが住む場所であった「部落」という言葉についてだが、彼らが朝鮮に帰化した数百年後、時代の流れと共に消えてしまう。その後、「部落」が朝鮮で復活したのは、皮肉なことに日本が侵略してきた近代に入ってからである。

支配者としてやってきた日本人は、朝鮮人の集落を指して「部落」と呼んだのだった。これは次章のインタビューでも語られているが、日本の被差別部落と同じく、蔑視した意味で使ったのではないかと韓国ではいわれている。

しかし日本の田舎では、今でもごく一般的な集落のことを「部落」と呼ぶところも珍しくない。戦前ならなおさらだろう。兵士や入植してきた日本人が、村よりも小さな集落のことを「部落」と呼ぶのは自然なことだった。

ともかく、それ以後、朝鮮では「部落」が定着し、現在でも田舎では部落という言葉が使用されている。元は朝鮮半島から渡ってきた言葉とされるのだから、いわば逆輸入といえるだろうか。

それにしても、現在では日本でも韓国でも被差別の意味を持っていないものの、「部落」という言葉の語源がもともと異民族の住む場所を指していたという韓国の話は興味深い。

日本で一般的に部落というとき、その多くは被差別部落を指すのではなく、ごく普通の集落の意味を指す。被差別部落という名称が長いので、それを略して「部落」と書いたり呼んだりすることがあるが、この場合は一般的な集落の「部落」とは意味が違い、同和地区のことを指す。このあたりは大変ややこしく、多くの誤解を生んでいる。もともと部落という言葉に、蔑視した意味はない。

しかし「部落」という言葉の語源が、朝鮮における異民族の集落を差別した呼称に由来するのだというこの韓国の話は、日本の被差別部落のルーツを考える上でも、重要になってくるかもしれない。

もし部落という言葉が朝鮮半島から渡ってきたのだとしたら、昔の日本でも部落という言葉は、当初は悪い意味の言葉として通用していたのかもしれない。その後、時代の流れによってそうした悪意は薄れて、一般的な集落という意味に落ち着いたのかもしれない。

そう考えると、日本でエタたちが住む地区を被差別部落、略して「部落」と呼ぶのは、ある意味では、原点に戻ったということになるのだろうか。

ただこれは韓国側の話のみによる推測なので、さらなる検証が必要だ。

ルーツ再考

またそれに関連したことだが、日本の被差別部落の起源について現在、異民族説は完全に否定されている。

なぜなら、日本の賤民たちは戦国時代の終わりに忽然と現れたわけではなく、中世からの流れもあるからだ。しかし、こうした韓国の白丁の成り立ちを見れば、このことはまた改めて見直してもよいかもしれない。

例えば異民族起源から考えると、屠殺・皮革業や各種工芸への従事、また日本ではなぜ関東から西に被差別部落が多いのかの説明はたやすい。

朝鮮半島などから来た場合、西日本内なら地理的に近くて気候も温暖なので、移住しやすいのではないか。豊臣秀吉までは、政治の中枢が近畿地方にあったことから考えても、こうした異民族を受け入れる下地が西日本にはあったのかもしれない。実際、渡来文化の繁栄を享受したのは、主に西日本地方だ。

当時、関東・甲信越を越えて厳寒の東北地方まで移らなければならない理由はなかったのではないか。東北にも被差別部落はあるが、数は西日本の比ではない。

例えば、韓国で発行されている朝鮮征伐の解説書『壬辰倭乱』(国立晋州博物館編集)には、このように記載されている。

「豊臣秀吉は壬辰倭乱の当初、朝鮮の民間人には危害を加えないようにと指示したが、実際には書画部、工藝部、捕虜部、金属部、築部などの特殊部隊を組織して、朝鮮の人的、物的な資源を略奪して日本へ輸送させた。特に丁酉再乱（一五九七年頃）のときには朝鮮人に対しての拉致がより厳しくなった。この時はポルトガルの奴隷商人に売り払う目的で、日本の専門的な奴隷商人が直接入ってきて、男女老少にかかわらず捕らえて行ったため、事態は奴隷戦争の様相を呈していた。丁酉再乱で日本軍は、日本の奴隷商からお金を受け取って朝鮮人の捕虜を渡したり、彼らが朝鮮人を強制的に拉致したりするのを黙認していた」（要訳）

このように朝鮮人を捕虜として連れて行く光景について、日本の従軍僧侶・慶念《きょうねん》はその日記にこう記している。

「野も山も島もすべて燃やしてから人を斬り殺した。そして生きている人は縄と竹で首をつないで引いていく。親は息子のことを心配して嘆息し、息子らは父母を探し回りつづける。このような悲惨な模様は、生まれてはじめて見た。野や山を燃やすことに夢中になった武士たちの騒ぐ声がうるさくて、まさに修羅場のような残酷な光景である。

朝鮮の子どもたちを捕まえて、その親は斬り殺して互いに二度と会えない状況をつくったのである。残った親と息子の恐怖感や嘆息は、まるで地獄の鬼が攻撃してくるときのような恐ろしさと悲痛感で、身をふるわせんばかりである。
痛ましい。四羽の鳥が巣立って飛び、親と離れるときの心情はこのようであろうか。
離れる母子の嘆息だけを見ても、それが推しはかれよう」

こうして連れ去られた朝鮮人の捕虜数は正確にはわかっていないが、数万人以上だと伝えられている。

儒学者や職人たちはこれとは反対に重宝され、時には奇跡的に朝鮮半島に帰国することもできた。

例えば、そのうちの一人、趙完壁という人物は、日本へ拉致された捕虜だったが儒学者であったため、京都の貿易商に雇われた。そして一六〇四年（拉致されてから七年目）から計三回ほど安南（現在のベトナム）へ行き、琉球などにも渡ったという。

イタリア人カルレティは、長崎でこの趙完壁や朝鮮人の子どもなど五人を買ってインドのゴアまで連れて行ったが、他の人はみな解放してやり子ども一人だけを連れてイタリアに帰った。この子どもは一六〇六年にローマに到着し、アントニオ・コレアという名前で一生を終えたと伝えられている。趙完壁がインド・ゴアからどうやって日本に帰ったかは不明だが、貿易船に乗ってベトナム経由で戻ったようである。

そして一六〇七年、朝鮮から通商使臣として呂祐吉らが来日した際、彼らは趙完壁のことを聞き、本国への召還を日本に要請したという。

こうして日本の捕虜として連れてこられた趙完璧は、一〇年目にして本国に生きて戻ることができた。ある記録ではこのときのことを「趙完璧は晋州のソンビ（文官・学識者）として賢く信用ある人だったので、一緒に帰還させた」と書いている。

日本の九州地方の陶芸についても、朝鮮から連行された陶工たちの手によって伝えられ、現在もその子孫たちによって窯が守られているという事実はよく知られている。そうした一部の朝鮮人たちは、豊臣秀吉など日本の支配者によってその芸術性と技術、学識を高く評価されたため、生活も保護され一般的にも尊敬を集めたとされている。

そして徳川家が治世する江戸時代に入ると、朝鮮との国交が復活。それから朝鮮通信使たちが数年に一度、来日するようになるのだが、その目的は連れ去られた朝鮮人捕虜たちを帰還させることにあった。

しかし、戦争捕虜として連れてこられた数万人の一般の朝鮮人たちは、帰国どころか「下人」として酷使されたとされる。ある記録には「倭人らの風俗が使用人を一番緊要としたので、朝鮮からの捕虜はほとんどが倭人らの奴僕になっている」と書かれている。余談だが、現在問題になっている北朝鮮による日本人拉致事件について、日本側と北朝鮮側の認識の違いもこうした歴史に由来している。

また朝鮮で高名な家の人物であっても、奴隷同然に働かされることもあった。鄭希得は、朝鮮人捕虜たちの日本での生活をこう報告している。

「橋の上で河天極と会った。徳島城の下に長い川があって、その川に紅橋がかかっている。その橋でたとえば一〇人と会えば、そのうち八、九人はわが国の人である。河君は晋州でも有名な一族であったのに、日本人の薪取りとして働いていた。わが国の者はみな、月夜には橋に集まって歌ったり叫んだり、泣いたりしながら思うことを打ち明け、深夜になってから別れる……」

一部の優遇された朝鮮人以外の、大多数の朝鮮人捕虜たちは、このように酷使されたうえで賤民に近い仕事を強制させられていたのだ。

余談だが、この文章を引用するにあたって妙なことに気がついた。

韓国の晋州博物館で出されている前出の『壬辰倭乱』という冊子では、この文章の半ばについて、こう訳している。

「……河君は晋州の有名な族閥であったのに、倭人の牛舎でかしずいたり、作男をしたりしていた……」

前の訳文と読み比べてみればわかるが、作男はまだしも「牛舎でかしずいたり」といった言葉はない。原文は単純に「河君晋州名族服倭廝蕘之役」となっているから、実際は牛舎でかしずいたりしていたとは、書いていない。薪取りをしていたとあるだけだ。

この冊子について、他のいくつかの箇所も他の日本の文献と比較して確認してみたが、このような意訳が行われていたのは、この箇所だけだった。

これはあくまで推測であるが、連れて行かれた日本でかなりの屈辱を受けたという意訳として「牛舎でかしずいたり」という一文を追加したのではないだろうか。つまり日本でまるで白丁のように扱われたという表現がしたかったのではないだろうか。

ただし、わたしはこれをもって、朝鮮人捕虜たちが死牛馬の処理にたずさわったと思いたいのではない。ただ余談として、朝鮮人捕虜に対する韓国側の認識と意識がよくわかる表現だと思ったのである。


同じく差別されていた芸人集団についてだが、映画監督で祭事や芸能民に詳しい前田憲二氏は「百済が滅びた六六〇年前後に、楊水尺《ヤンスチョク》、あるいは広大《クワンデ》と呼称された雑芸人たちの一部は、日本列島にも渡ってきたのではないか」と提議している。

楊水尺は屠畜・解体を得意としていたといわれる白丁のルーツとなる民であるが、芸能もよくしていた。

この点については、平安後期の漢学者で歌人の大江匡房も『傀儡記《くぐつき》』にこう記している。

「傀儡子は決まった住居や家をもたない。テントのような仮家で水草を追い、移動して北狄の風俗（蒙古系遊牧民）にそっくりだ。男は弓と矢と馬を使い狩猟生活を行う。ある者は両刃の剣七、九本をもてあそび、ある者は木でできた木偶人形をまわし、手品や奇術の真似をして、それを生きた人間のように見せたりする。一人前の女になると憂いをもった顔で泣く真似をし、腰をみだらにふって歩き、男を誘惑して一晩の契りを結んだりする」（要約）

さらに民俗学者の柳田國男は南方熊楠へ「傀儡（人形遣いの芸能民）は韓国から渡来したと考えている」とする手紙を書き送っている。

これらのことから、豊臣秀吉の朝鮮征伐の際に朝鮮半島から連れてこられた大勢の捕虜たちは、一部の技術者や学者を除いて下人として酷使された後、彼らが住む場所は現在の被差別部落のような存在になってしまったのではないかと考えるのはたやすい。また時には、中世の時代から日本にあった、古い被差別部落にも編入されたのかもしれない。

さらにいえば、そのもともと日本にあった被差別部落自体も、それよりさらに古くに渡来した人々の流れをくむ部落であった可能性もある。それらが豊臣秀吉以後、徳川の江戸時代になってから、エタ身分の固定化へとつながったのではないか。つまり日本は賤民にしても、異国とのつながりが深かったのではないだろうか。これらはもう一度、検討し直してみてもよいと思う。

こうした議論は、昔から盛んにあったとされる。日本の被差別部落の異民族起源については、他にもアイヌ説などがある。

これら異民族説が日本で否定されたのは、学術上、根拠がないからである。つまり朝鮮人捕虜たちが被差別部落に編入されたという史料などの証拠がないのである。

また、たとえ一部が編入されていたとしても、それをもって被差別部落が差別される根拠にしてはいけないという理由から、異民族説は完全に否定された。それは、証拠もなくもっとも安易に説明しやすいのだが、同時に被差別部落民は異民族なのだから差別してもよいのだという「差別の根拠」になってしまう負の可能性をも秘めていたからである。

被差別部落のルーツに関して、ただでさえ〝いわれなき差別〟に苦しむ部落民に対して、学術上の証拠もないのに異民族というさらなる偏見を植え付けてしまうのは良くないという論理。つまり「いわれなき差別」が「いわれある差別」になってしまうというのだ。

しかし、〝異民族だから差別される根拠になる〟という論理は、同時に、異民族なら差別されるのだという、異民族への差別を肯定するようなニュアンスにもとられかねない。

一般的に日本人が海外に出るのが特にめずらしくなくなった今、万が一、被差別部落に異民族が編入されていたとしても、それが「いわれある差別」にはならないし、それを理由に差別してはならないだろう。現代はもはやそういう時代ではないし、そうであってはならない。

だからこそ思うのだが、こうした議論は推測であっても、活発に何度でもおこなって良いのではないだろうか。それが同和問題に対してまた新たな積極的興味をよび起こすことにもなるのではないか。さらにもしかしたら、そこから現在の在日外国人問題にもつなげていけるのではないかとさえ、わたしは思う。いろいろな意見が出せず、差別と偏見につながるからと異論を排していると、閉鎖的になって風通しがたいへん悪くなる。

そう考えれば、もし部落のルーツに異民族も含まれるとしたら、被差別部落の問題は数百年前の在日外国人（異民族）問題だったのかもしれない。

わたしは被差別部落の出身者として、この推論の壮大さをかえって爽快に感じこそすれ、後ろめたく思うことはない。なにより日本人こそが、古代より異民族の集合体であったといわれているではないか。

韓国側から、日本の被差別部落の異民族説について指摘されることが多かったこともあり、わたしも気になってこうして書き留めてみた。

さいわい日本は長い解放運動の歴史から、部落史についての研究が盛んだ。偏見であれ推論であれ、被差別部落についてはルーツも含めて、もっと活発に議論し合い再検討し、相互批評していけたらと思う。

新白丁

律令制を敷いた高麗の時代、朝鮮半島で初めて「白丁」という言葉が現れた。それまでの高麗時代当時、彼らが楊水尺《ヤンスチョク》と呼ばれていたことは前述のとおりである。彼らはその後、高麗時代末期には禾尺《ファッチョク》という名に改められ、後に白丁と呼ばれるようになる。

しかしこの頃の白丁は被差別民ではなく、土地を持たず公務員などにもなれない、つまりは大多数の農民や庶民を指す言葉だった。

すなわち、「白」は公職を持たないという意で、「丁」は壮丁（青年）の意。これを合わせて「白丁」と呼んでいた。土地を所有していない者は大人扱いしないというところから、壮丁（青年）の「丁」を付けたとされる。白丁という言葉の起源はここにある。だから元は、圧倒的多数の貧しい庶民を意味した言葉だった。被差別民を意味して使われたのではなく、一般庶民について使われていたのである。

李氏朝鮮の時代に入ると、身分制度が確立されていく。この制度は高麗末からすでにあったのだが、李氏朝鮮時代に再整備されて確立されるようになる。

当時の身分階級は次のようになっていた。

①君主

②貴族
③両班
④中人
⑤常民
⑥賤民

ちょっと見た感じはややこしく細かな位置付けに見えるが、日本でいわれている士農工商のような身分階級だと考えればよいだろう。ただ朝鮮半島では武士ではなく、文官が政治の中枢を担っていた。

現在でも、韓国文化を語る上で重要な両班も貴族階級であるが、ここに出てくる貴族とは、さらにごく少数の高位の大臣たちを指している。

しかし実質の統治者は両班で、身分としては白丁同様もう消滅している。しかし現在でも、韓国の精神社会に多様な影響を与えていることはよく知られている。韓国ではたいてい誰に訊ねても「うちの先祖は両班です」と答えるほどだ。常民とは、いわゆる庶民にあたる。

そして、当時の賤民である禾尺《ファッチョク》。彼らが元来「庶民」という意味で使われていたはずの白丁という名で呼ばれるようになった理由については、次のように考えられている。

朝鮮に帰化して暮らしていた禾尺（もとは楊水尺《ヤンスチョク》）たちだが、はじめは流浪の民ということもあって兵役などは免除されていた。

しかしその彼らも数が増えてくるにしたがって、兵役なども課されることになった。そうなると賤民の立場に追いやられている禾尺たちからは不満が出てくる。低い身分のために差別され、なおかつ常民と同じく兵役を課される待遇では、あまりに過酷ではないかと。

そこで一四二五年、あのハングル文字を創った世宗大王が、禾尺たちの不満を静めるため、平民として彼らを遇することにした。以前の禾尺という差別名称を取りやめ、「新白丁」と呼ぶことにした。つまり、楊水尺と呼ばれていた彼らは禾尺と改められ、最後に「新白丁」と呼ばれるようになったのだ。

そうなると今度は、それまでの庶民としての白丁たちが不満に思うようになる。なんで奴らが俺たちと同じ名称、身分になるんだと。

元々、白丁という言葉自体が「公職につけず土地もない奴」という意味だったこともあり、それでいつしか白丁というと、最下層の賤民を指すようになっていった。この結果、禾尺は当初「新白丁」と呼ばれるようになった。この「新白丁」という名称は、時代は違うものの、日本における明治の解放令で、部落民が「新平民」と呼ばれた過程によく似ている。

しかしこの場合は「白丁」という言葉が、そのまま最底辺の被差別民を指す言葉に変化していったのだった。

李氏朝鮮時代になると、賤民といってもさまざまな形に分かれるようになった。それらは俗に「七般公賤・八般私賤」と言われていた。

まず「七般公賤」と呼ばれた人々には、①官奴婢　②妓生　③官女　④吏族　⑤駅卒　⑥獄卒（牢獄の番人）　⑦犯罪逃亡者たちなどがいた。

そして「八般私賤」とは①巫女　②鞋匠（革履物の職人）　③使令（宮中音楽の演奏家や芸人）　④僧侶　⑤才人（芸人）　⑥社堂（旅をしながら歌や踊りで生計を立てるグループ）　⑦挙史（女を連れて歌、踊り、芸をする人）、⑧白丁といった者たちである。

儒教の国・朝鮮では、仏教徒である僧侶も身分としては底辺におかれたのである。さらに細かくいえば、墓守・葬儀屋・掃除夫などもそうだった。

そしてこれら賤民の中での白丁の位置というのは、もっとも底辺だったと考えられている。それは、この頃の白丁には戸籍すらなかった事実からもわかる。

白丁差別の具体例

戸籍がない。つまりそれは、白丁は人間ではない、ということだ。

韓国には「人間白丁！」という侮辱の言葉がある。これは「人間なのに、お前はまるで白丁みたいだ」という意味の、最低の言葉である。これは現在でも往々にして使われている。

戸籍もなく、人間扱いされていなかった白丁だが、その戸数や人口は把握されていて、家畜や土地には税金もかけられていたという。戸籍がなく、人間扱いされていなかったにも拘《かかわ》らず、だ。

白丁への差別はどういうものだったのか。鄭棟柱氏の『神の杖』（解放出版社）から、多少の補足を加えて紹介してみたい。それは次のようになされていたという。

- 白丁は族譜をもてなかった。族譜とは韓国にある伝統的な家系図のことであり、この時代には非常に重要視されていた。現代韓国でも、族譜を重要だと考えて家に置く人は多いが、その多くは偽物である。
- 職業の限定。白丁が就ける職業は、家畜の屠殺や食肉の商い、皮革業や骨細工、柳細工である。今でいう公務員にもなれたが、それも罪人を処刑する刑吏の仕事だけだった。
- 結婚は白丁同士でしかできない。もし両班など他の身分の者と結婚しようものなら、リンチされ時には殺された。
- 住居の限定。移住の自由はなく、瓦屋根は許されなかった。また白丁村は日当たりのよい場所であってはならず、また一般人の村よりも高い所に住んではならなかった。
- 文字を知ることや、学校に行くことはできなかった。

- 一般人が白丁に話すときは、年齢に関係なく、子どもに使うような無礼な言葉を使った。また反対に、白丁から一般の人間に話し掛けるときは、相手が自分の子どものような年齢であっても、敬語を使わなくてはならなかった。
- 名前に仁、義、礼、智、信、忠、君の字を用いてはならず、姓もなかった。また特定の七姓を使わされたこともあるようだが、現在この姓の人が白丁出身かというと、そうではない。この七姓は他の賤民を表していた。
- 一般とは違う言葉を使わなければならなかった。そのため、白丁独自の言葉も生まれた。もし一般の人の話す言葉を使うと、時には舌を抜かれた。
- 公共の場所への出入りができなかった。
- 白丁は自由に売買された。そこから妓生がはじまった、という説もある。
- 葬式での棺桶、また結婚式でも桶が使用できなかった。
- 墓は一般人よりも高い所や近い所、日当たりの良い場所に作ってはならなかった。また、墓碑を建てることもできなかった。日本では「穢」「畜」といった言葉の入った差別戒名を彫った部落民の古い墓石が見つかっているが、白丁には墓石を建てることと自体が許されなかった。
- 髷《まげ》を結うことが許されなかった。ただし、結婚して子どもをもうけた後は許された。
- 冠《カッ》という帽子や絹布、革の履物を用いてはならなかった。
- 一般人の前では腰をかがめ、走り去らなくてはならなかった。ゆっくり胸をはって歩くと、不敬罪で処罰された。

- 戸籍がないので兵役や賦役、一般的な納税義務が課せられなかった。しかし戦争が起こると地域の有力者たちの代理に兵役、賦役を強制され、拒否すれば殺された。また刑罰を身代わりで受けさせられることもあった。
- 白丁はリンチの対象となった。リンチによって死亡した場合でも、殺した一般人は処罰されなかった。白丁は人間ではないとされていたからである。
- 白丁の犯罪は白丁で処罰を決めていた。重犯罪の場合は国家によって処罰されたが、その場合は例外なく極刑だった。

このような差別が、一九〇〇年代に入るまでのほぼ五世紀にわたって維持されてきたのである。過酷で残忍な差別待遇といえる。

また、李氏朝鮮時代に入った後の白丁の暮らしについてだが、大きく分けて二通りある。

一つは「白丁村」と呼ばれ、日本の被差別部落のように集団生活をしていた。ここから近隣の村や町へ、行商に出掛けるのである。主に肉や柳細工を売っていた。

もう一つの形は、大きな村や町に数戸で住むというものだ。例えば慶尚南道・晋州ほどの都市になると、まず町外れに白丁村があり、そして町の中にさらに二箇所、小規模な集落があった。

こうした差別が行われていた李氏朝鮮時代の末期、「甲午改革」が起こる。

これは経済成長と共に奴婢などの賤民身分制度がなし崩しになってきたことを背景に、圧制に苦しんできた農民の反乱・甲午農民戦争において一八九四年に要求された改革である。それは理想高く、要求項目一二箇条の中に身分制度に関わるものが二項目あった。

一つは「奴婢文書を焼却すること」。

二つ目は「七般賤人の待遇を改善し、白丁の頭にかぶる平壌笠を脱がせること」。

当時、朝鮮半島の人々は外出の際、冠《カッ》をかぶっていたのだが、当時の白丁はそれを許されず、その身分を明確にするために平壌笠（平涼子）というものをかぶらなくてはならなかった。こうして一目で白丁かどうかを判断できるように強制されていたのだ。だからこれをかぶらなくても良いように、というこの要求はそのまま、白丁の解放を要求していた。

これらの要求は結局、国家に受け入れられることになる。これは日本で明治四年に公布された「解放令」に当たるもので、このとき、法律において白丁は解放されたのである。

だが日本と同じく、いくら法律で身分が解放されても、白丁たちの生活と差別待遇は以前とまったく変わらなかった。

甲午改革から二年後の一八九六年、初めて白丁たちの戸籍登録が始まった。

しかしこれは甲午改革の賜物ではない。政府は登録と共に屠畜について許可制にしたのだ。そうすることにより、白丁から税金などを徴収することを目的としたのである。また、戸籍登録によって、公式に身分を管理できるようにもした。

屠畜に関しては金さえ払えば誰でも許可が下りたため、地元の資産家たちの資本と権力によって、食肉業は次第に彼らに掌握されるようになる。彼らに雇われて働く白丁が多くなり、一部の資産家以外の白丁たちは、資本が貧弱で貧しいために、次第に経営の実権から遠ざけられるようになってしまう。

こうして近代の白丁は、解放令が出たにもかかわらず、日本と資本家から二重に搾取されるようになってしまい、その生活は以前よりも悪くなりこそすれ、良くなることはなかったのだった。

日本の植民地化政策

そして、近代に入って朝鮮半島に現れたのは日本だった。

朝鮮侵略を狙った日本は、植民地化政策の一環として、屠場や食肉販売業などの実権を握るようになる。経営は日本の管理下におかれ、白丁たちは、さらにその下に組み込まれるようになった。

伝統的に守ってきた、唯一の特権である屠畜業を資本家、さらには日本によって奪われた白丁たちは、今度は二重の支配の下におかれたことになる。曲がりなりにも資本、つまり金の力によって最低辺階級からの脱出を夢見ていた白丁たちの望みは、日本の侵略によってより困難になったと考えてよいだろう。

また、その戸籍には「屠漢」と書かれ、時には朱色で記載されることもあったという。特に当時、軍事的に重要であった皮革業への日本の進出によって、より貧困に喘ぐこととなった白丁の中には、そのために流民化する者も現れた。中には抗日運動に参加する者も出てくるようになる。

その当時、日本人から見た白丁の記録も残っている。今村鞆《とも》という日本人が書いた『朝鮮風俗集』という本は、一九一〇年頃の白丁事情をこう紹介している。

「白丁の職業としては農業が大部分である。それから屠畜、柳細工、獣肉販売、蠟燭製造、皮細工、犬肉の吸い物（補身湯）屋、そのほか下等な職業だ。その中でも牛を殺すことと柳細工は白丁の独占的職業で、他の人は絶対にやらない。もし一般人が秘密裏に牛を屠畜したときは白丁がそれをどこからか嗅ぎ付けて『あなたはいつから我々白丁の仲間入りをされたのか』と抗議に訪れ、若干の謝礼金を取るということもある。最近では一般人でも屠畜を仕事にする人も出てきたが、柳細工については今でも白丁の独占である。この事情を知らないある日本人が、朝鮮に来て柳行李作り講習の募集を始めたけれど、一人も応募者が無かったということだ」

「わたしが昨年、白丁の家を訪れた際、親の位牌に頭巾や笠、周衣を供えて祭っているからそのわけを訊いたところ『親の代ではまだ解放令が出てなかったから、笠も周衣もつけることができなかった。だからその無念を、せめて霊前に供えて慰め、喜ばしているのです』と答えたので、その不憫さに同情した。彼らの中にはその将来を考え、自分の子どもの教育にずいぶん熱心な人もいるという」（要約）

そして一九〇七年、韓国南部の都市・晋州において「同席礼拝拒否事件」が起きる。この事件は、オーストラリアから来たキリスト教宣教師・巨列休牧師が、晋州に赴任した一年目に、二名の白丁を信徒に得たことに端を発する。

白丁の信徒も同席の礼拝を行おうとしたところ、一般信徒が断固として反対したのだ。このときは巨牧師も、その国の風習と考えて一般信徒との争いを避けた。そして白丁たちだけ、自宅や彼らの家で礼拝を続けたのだ。

その二年後、巨牧師の後任として、同じくオーストラリアから羅大碧牧師が新しく赴任してくる。

羅牧師は、同じ朝鮮人である白丁と一般信徒が別々に礼拝している現状を知って驚いた。もしくは、前任の巨牧師から引継ぎを得ていたのかもしれない。とにかく、このあたりの事情は欧米人宣教師の理解を超えていただろう。

早速、牧師は晋州教会の代表である相助契《サン・ジョゲ》会長と孫世永《ソン・セヨン》の説得に当たる。初めは難色を示していた彼らだったが、牧師の熱心な説得に結局、同席を承諾する。この頃には白丁信徒は一五人になっていた。

初めは一般信徒と白丁信徒との間に仕切りを置き、同じ教会内で礼拝を行っていた。そこで今度は、思いきって仕切りを取り除いたところ、一般信徒たちは皆、一斉に引き上げて帰ってしまったのだ。

結局、その後は同席礼拝に一般信徒が応じることはなく、元の状態に戻ってしまった。この事件のことを『晋州教会七〇年沿革誌』では、「教会の騒乱はとてもひどいものだった」と記している。

だが、この小さな事件はこれだけでは済まなかった。甲午改革以後、白丁たちが以前より自分たちを恐れなくなっていることや、さらには欧米人宣教師が白丁に対して丁寧な言葉で話すのをよく思っていなかった者が、白丁に対して公然と迫害を加えるようになった。

そして一九〇九年九月、農民たちが中心となって以下の要求を白丁たちにつきつけた。

- 白丁の男子は冠《カッ》の紐を韓紙で作った紙紐で結ぶこと
- 白丁の女子はスカートに黒いべ（麻布）の切れを付けること

これはつまり、見た目で白丁だと判断できるようにするための、公然とした白丁差別化の要求であった。日本における、いわゆる「渋染め一揆」（渋染めの着物を被差別部落民に強制した岡山藩の事件）と同様の事件であるといえよう。

白丁たちに、このような要求が受け入れられるはずはない。白丁たちの反発に、農民たちは「牛肉不買運動」で応えた。徹底的に行われたこの差別キャンペーンに結局、白丁たちは屈服してしまう。生活の糧を人質にとられては、白丁たちも要求をのまざるを得なかった。こうして彼らは、相変わらず残虐な差別の中で生きていくことになる。

しかしこの過酷な差別が一四年後、白丁解放組織「衡平社」創立への布石となる。

衡平社の結成

一九二三年四月、慶尚南道・晋州に白丁の解放運動組織「衡平社」が結成された。だが、この組織は設立当初から分裂の危機に見舞われる。それは南の姜相鎬《カン・サンホ》と北の張志弼《チャン・ジピル》両リーダーによる、運動方針の違いからだった。

姜相鎬は一八八七年両班の子どもとして、晋州で生まれている。とても裕福な家で、彼は何不自由なく育ったとされている。大きくなるにつれて正義感のある青年へと成長、その後は東亜日報初代晋州支局長などを歴任し、また社会運動家としても次第に頭角を現し始めるようになる。

そんな両班の彼が、白丁解放運動に携わるようになったのには、あるきっかけがあった。

ある日、ソプチョンという地区に住む白丁が、市内に住む両班に呼ばれた。その白丁は両班に失礼なことをしたといって呼びつけられたようで、いたずら半分に多くの人がその白丁を叩いていた。所用で出掛けていた姜相鎬は偶然、その現場を目撃する。そのときは「またやってるな」くらいに軽く考えていたのだが、用を終えて帰宅するとき再び同じ道を通ると、その白丁は殴り殺されており、すでに冷たくなっていた。もちろん、誰も罰せられることはなかった。

これに非常な衝撃を受けた彼は、衡平社創立を考えるようになったという。

一説には、李学賛《イ・ハクチャ》という晋州に住む裕福な白丁が、その光景を見て姜相鎬に訴えたのだともいわれている。

またその他にも、この李学賛が自分の息子を学校にやろうとしたが差別されてどこにも入学できなかったことを、姜相鎬に相談したことがきっかけだったという説もある。これなどは以前までの通説で、長い間信じられてきたエピソードであった。わたしも取材当初はこうしたきっかけで衡平社ができたのだと聞いていた。しかし、正確には李学賛には息子がいなかったので、この説は現在では否定されている。

姜相鎬

慶尚大学の金仲燮《キム・ジュンスプ》教授はこの説自体を「衡平運動が作られた過程を李学賛個人の欲求不満から始まったと書くことによって、この運動自体を矮小化させようとする総

水平衡平提携
具體的決定
고한씨이것을긔회삼아
張志弼氏도二月中渡東
水平分立은
虛報에不過
◇入京한高丸氏談

右端が張志弼『朝鮮日報』より

督府（日本）の陰謀だ」としている。

白丁解放運動の必要性を感じた姜相鎬は、裕福な白丁だった李学賛、李東煥らと共に、衡平社設立へ向けて動き出す。

とくに李東煥は日本の水平社とも通じており、京都の七条北部水平社を訪れている。

もう一方のリーダー、張志弼は一八九八年、慶尚南道・宜寧で生まれた。裕福な白丁の息子として育った張志弼だったが、その身分のために韓国内ではまともに学校へは行けなかったといわれている。しかしその後、晋州に住む日本人ケンジロウの助けをかりて、彼は単身、日本の明治大学に優秀な成績で留学した。当時の白丁出身者としては、異例のエリート・コースである。

姜相鎬は白丁リンチ殺人を目撃したのがきっかけで衡平運動を起こしたが、白丁である張志弼のきっかけはより切実なものであった。

一九二三年五月二〇日付けの『東亜日報』に、次のような彼自身の手記が掲載されている。

「私は二一歳のとき、日本の東京にある明治大学法科に三年までかよったが、やむを得ない家庭の事情により卒業することができずに帰国した。朝鮮総督府に就職するため京城（ソウル）に上り、東奔西走してようやく話がまとまったので、書類に添付するため戸籍謄本を交付してもらったが、職業欄には『屠漢（白丁）』と記載されていた。いくら考えてもその書類を提出する勇気が出なかった。私は就職をあきらめ、私たちの涙の痕跡をさがして全国各地をさまよった。私だけでなく子どもたちの入学にも戸籍が必要である。『屠漢』の息子であることがわかれば入学は拒否され、隠して入学したとしても露顕すれば退学処分を受けなくてはならない。これは私たちの子孫に聾唖者になれということなのか」

文中、聾唖者のたとえは失礼だが、張志弼が大学を中途退学したのも、彼の聡明さを妬んだ両班出身の朝鮮人留学生たちによる迫害があったからではないか、とする説もある。それが退学の主原因ではなかったかもしれないが、おそらくそういう事実はあっただろう。そしてその後、「全国各地をさまよった」とする張志弼の告白もまた、事実であろう。

こうして、張志弼は運動に生涯を賭けることを決心するに至る。

もともと白丁たちは昔から「承堂都家《スンダントガ》」という扶助組織、つまり助け合いの寄り合い組織をつくっていて、各地に支部もあった。そのため衡平社の結成も、この昔からの連絡網があったために、全国への呼びかけがスムーズにいったのだといわれている。

こうして衡平社は一九二三年四月二四日に「衡平社期成会組織大会」を、翌五月一三日に「衡平社発起祝賀会」を晋州劇場（現商業ビル）で開催。ここに朝鮮史上初の、白丁解放組織が誕生したのだった。

この発起祝賀会には日本人も参加していた。晋州在住の名士・勝田伊助である。この創立祝賀会で彼は、祝辞も述べている。勝田伊助は当時、朝鮮時報支局長、大阪毎日新聞記者などを兼任して、晋州に駐在していた。

晋州にある衡平運動記念碑

三重県に健在の勝田伊助の娘さんによれば、彼は当地では妾ももつ名士として知られていて、こうした会にはまめに出席していたという。一方で、彼の祝賀会参加については、朝鮮半島における社会運動の偵察という役割があったのではないかと見る向きもある。

衡平社という名称の由来は、その名の通り「はかりのように公平な社会を」からきている。また一方で「水平よりも、はかりの方が限りなく衡平だから」と、日本の水平社を意識した意味もあったとされている。創立時の主なメンバーは次の通り。

委員＝姜相鍋《カン・サンホ》
申鉉寿《シン・ヒョンス》
千錫九《チョン・ソクグ》
張志弼《チャン・ジピル》
李学賛《イ・ハクチャ》
幹事＝河石金《ハ・ソクグム》
朴好得《パク・ホドク》
理事＝河充柞《ハ・ユンジョ》
李奉基《イ・ボンギ》
李斗只《イ・ドジ》
河景淑《ハ・キョンスク》
崔明五《チェ・ミョンオ》
柳小萬《ユ・ソマン》
柳億萬《ユ・オマン》
財務＝鄭賛柞《チョン・チャンソ》

書記＝張志文《チャン・ジムン》

また日本の水平社はこの前年に創立されているが、衡平社のメンバーは水平社とは違い、白丁と一般知識人の〝混成団体〟であった。

「水平社宣言」にあたる「衡平社主旨」も、少し長いがここに引用する。

「白丁は人間ではないのか！」

公平は社会の根本であり、愛情は人類の本領である。それゆえ、我々は階級を打破し、侮辱的称号を廃止し、教育を奨励して、我々も真実の人間になることを期するのが本社の主旨である。今まで、わが朝鮮における我々白丁はいかなる地位といかなる圧迫のもとにあったか。過去を回想すれば、終日痛哭しても血涙を禁じ得ない。ここに地位と条件問題などを提起する余暇もなく、目前の圧迫を絶叫するのが我々の実情であり、この問題を先決するのが我々の任務と認定するのは的確なことである。

卑しく、貧しく、劣り、弱く、賤しく屈するものは誰か？　あァ我々白丁ではないのか。しかしながら、このような悲劇に対する社会の態度はどうか？　いわゆる知識階級からは圧迫と蔑視があっただけであった。この社会が白丁の沿革を理解していようといまいと、決して賤待を受けるわれわれではないのである。職業の区別があるとすれば、禽獣の生命を奪うものは我々だけではないのである。本社は、時代の要求よりも社会の実情に応じて創立されただけではない。我々も朝鮮民族二〇〇〇万の一分子であり、甲午年六月より、勅令によって白丁の称号を除かれ、平民となったのである。

愛情を持って相互扶助し、生活の安定を図り、共同の存栄を期すべく、ここに四〇余万が団結して、本社の目的であるその趣旨を鮮明に標榜するものである。

朝鮮慶尚南道晋州　衡平社発起人一同

この後、各地域で支部が次々に発足、衡平社は全国的な運動としての広がりをみせる。当時の白丁はいったい、どれくらいの人口だったのか。衡平社宣言にもあるように、衡平社ではそのメンバーを約四〇万人としていた。しかし、朝鮮総督府の統計調査（一九二六年・大正一五年）によれば、朝鮮半島の白丁は八二一一世帯、三万六八〇九人だったとされている。

両者の間には三〇万人以上の大きな開きがある。衡平社員には両班など白丁以外の人もいたのだが、そのことを考慮してもちょっと差が開きすぎだ。この差から推測するのは難しいが、朝鮮全土で四万人以上の白丁がいたのは確かだといえる。

この総督府の調査は衡平社設立の三年後に行われたもので、ここからはだいたいではあるが、当時の白丁の状況が垣間見える。

これによると、白丁の職業で一番多いのは獣肉販売業で二七・八パーセント。そこに

1900年頃に写された白丁（『朝鮮時代　속』서문당、『アジアの身分制度と差別』解放出版社）

屠畜、製革、製靴など牛に関わる職業を合わせると、四八・四パーセントとほぼ半数を占めることになる。

さらに白丁のもう一つの専売とされる柳器製造（一〇・六パーセント）を足せば、ほぼ六割の白丁が伝統的職業に就いている状況であったことがわかる。韓国では、現在でもこれらの職業が白丁をイメージさせるといわれているが、それを裏づける結果だといえる。

その他では農業の二五・二パーセントがもっとも多く、飲食店・旅人宿（安宿）経営が五・八パーセントなどと続いている。

当時の証言

この当時の白丁の姿とはいったい

どのようなものなのだったのか。後日、韓国で行った聞き取りで、当時の白丁の姿を知る老人たちから話を聞いた。

ソウル在住の文夏子さんが、当時住んでいたのはソウル郊外の小村だった。彼女の年齢は、当のご本人もよく知らないというのだが、娘さんによると九〇歳くらいとのことだった。

この話の時代は甲午改革以後で、身分解放令はすでに出されていたが、まだ衡平社は設立されていなかった。一九一〇年頃、ソウル近郊の田舎での話である。

「昔の田舎では皆、身分の高い『班村』と、身分の低い『民村』に分かれて住んでいました。さらに、わたしの住んでいた所から峠ひとつ越したところに『白丁村』がありました。当時のわたしたちの地域では、白丁も自分の村をつくって、そこで生活していました。

白丁は時々、わたしの村に肉を売りに来ていました。他には箕《み》（米などの穀物の殻やゴミを取る道具）や篩《ふるい》などの行商にも来ていました。靴の刺繍などもしていたと記憶しています。でも、それが白丁という人々だということを、しばらくの間わたしは知りませんでした。わたしが白丁の存在を初めて知ったのは、寺小屋でした。

当時、田舎に学校なんてありませんでしたから、寺の中で書堂《ソダン》という私設の塾のようなものを開いていたのです。わたしの祖父は学者だったので、そこで子どもたちを教えていました。

その寺小屋の学校に、白丁の子どもがひとり来ていました。その子の親は、学費代わりにお米を祖父の自宅まで持ってきていたのです。

ある日、白丁の親が学費を納めに来たとき、わたしはちょうどそこに居合わせたのです。見ていると、生徒の親が持って来ているのに、祖父はまるで子どもと話しているかのように、すごく乱暴な口調で親に接していたのでびっくりしました。

それで祖父に『どうしてあんな乱暴な言い方をするの』と後で聞きましたら、『あれは白丁だからいいんだよ』と教えてくれたのです。当時は身分が低ければ、自分より年上でも子どもに使うような言葉で接して良かったのです（儒教の国・韓国において、これは侮蔑の意味がある）。

それから気づいたことなのですが、肉を買いに行っても同じように乱暴な言葉で話していたので、肉売りも白丁だとわかったのです」

晋州在住の成季玉さん（七五歳）。「日本語を話すのは五〇年ぶりですよ」というが、今も流暢で美しい日本語を話す。先の文さんの話から、二〇年ほど後の時代である。

「わたしの家は代々両班で裕福でしたから、まだ奴婢《ノビ》も何人かいました。今は晋州に住んでいますが、実家はここから北の方にある山清という町にありました。二〇歳までそこに住んでいました。この頃覚えているのは、いつだったか家の者が、一二歳の少女を買ってきたことです。これが奴婢だったか白丁だったのか、わたしにはわかりません。

当時、白丁は着物で簡単に区別できました。黒が入っていたからです。例えばズボンでも、片一方だけが黒なのです（当時の韓国人の多くは白装束だった）。冠《カッ》もかぶっていませんでした。何か、白丁だけがかぶる竹の笠をかぶっていました（平壌笠）。よく弁当箱や、モミをこす籠などを売りに来ていました。市場では肉を売っていましたね。肉を入れた桶を頭にのせて、裕福な家をまわって売り歩いてもいました。

白丁に敬語を使うことはありませんでした。反対に、白丁は両班の前では最敬礼しなければなりませんでした。正月（旧）には白丁は両班の家へ挨拶に来ます。『先生様』と声を掛けて土間の下に座り、頭を下げていました」

この時代にはすでに衡平社も設立されて、晋州周辺では活発な活動をしていたはずなのだが、成さんは「まだ娘だったから家の外のことなんか、何も知らされなかった」ので、まったく記憶にないという。

同じく晋州在住の男性カン・ヨンテさん（六七歳）。出身地の山清ではよく白丁を見た。
「もし娘が白丁の子孫と結婚したら？　それは絶対にダメだよ。肉屋もダメだ。肉屋は白丁のイメージがあって印象が悪いからダメなんだ。魚屋だったらまだいいけど。わしの記憶によると、たしか白丁は集落ごとに二、三軒、大きなところでは五、六軒集まって住んでたな。郡全体だと四、五千人はいたんじゃないかな。白丁はいつも、牛肉を金持ちの家に売り歩いていたな。売ってたのは牛肉だけ。豚や鶏は売ってなかった。『先生、ぜひ買ってください』と言って売りに来るんだよ。村人たちからはよく苛《いじ》められてたなあ。どんな苛めだったか、白丁のことなんか具体的にはもう覚えてないよ。そういえば、反対にこんなこともあった。肉を買った客が『もっとおまけしろよ』と白丁に言うと、そいつが『わかりました、先生！』と、ニコニコしながら血のべっとり付いた手でバンバンと、その客の背中を、何度も何度も叩くんだよ。周りはみんな笑っているんだけど、叩かれている当人には全然わからなくてな。そんなイタズラをする白丁もいたなあ。白丁は六〇年代くらいから見なくなった。引っ越しが多くてわからなくなったんじゃないか。わしの同級生は五〇人ほどいたけど、その内いまでも地元に残っているのは一〇人ほどだからな。それでわからなくなったんじゃないかな」

白丁のイタズラについてだが、当時の韓国人のほとんどは白衣に身を包んでいたため、このイタズラは白丁当人による強烈な皮肉だったのだろう。後の章で紹介する仮面劇や昔話の世界からそのまま抜け出たような、痛烈な実話だ。白丁解放運動へと発展していった過程を垣間見るような、反骨的イタズラといえよう。

しかしこの後、その白丁が無事だったかどうかはわからない。

解放運動の終焉

衡平社発起祝賀会が晋州劇場で行われた一九二三年五月。早速、晋州において反・衡平運動が勃発した。住民が牛肉不買運動を起こしたのだ。これに誘発された形で、各地で牛肉の不買運動が起こる。

八月には釜山近郊の町、現在は国際空港があることで知られる金海で、労働者と農民合わせて一万人が三日間にわたって衡平社を襲撃するという大事件が起こる。

また翌九月には忠清南道・堤川衡平社分社の創立祝賀会に、労働者数百人が乱入する事態となる。

さらに一九二四年四月には、張志弼がソウルで「衡平社革新同盟」を結成、今度は内部から分裂の憂き目に遭う。これには両班《ヤンバン》出身の姜相鎬と白丁出身の張志弼が、互いに反目し合ったことが主原因だと考えられている。

この件についてはさすがに両者まずいと思ったのか、四カ月後には大田で会議が持たれ衡平社も一応は統一する。しかしこれもまたすぐに決裂している。結局、この両者の溝は最後まで埋まることはなかった。

反・衡平運動もさらに激しさを増してくる。

衡平社創立の一九二三年、暴徒と化した反衡平社のデモ隊が衡平社幹部の申鉉寿と千錫九の店を襲撃、さらにそこから一部の暴徒が姜相鎬の家へ向かった。

姜相鎬の妻・李春葉はこのときの様子を後年、こう語っている。

「家の大門が非常に高くて頑丈でした。数十人が出てきて大門を叩いて『姜相鎬出てこい』と怒鳴りつけて、家内のものみんな怖くてぶるぶる震えたが、非常に大門が頑丈で大きく、結局デモ隊たちは石礫《いしつぶて》を投げて帰った」

また、後には夫婦ともども広場に連れ出され、牛を前にして「早く殺してみろ、新白丁め！」と群集に激しく野次られる迫害まで受けている。姜相鎬ら白丁階級以外の衡平社員たちは全員「新白丁」という新たな蔑称で呼ばれるようになっていた。

この衡平社創立から三年余りの主な事件について、多少煩雑になるが、順を追って記してみたい。当時の騒乱状態がよくわかるからだ。

まず一九二四年。五月に慶尚南道・進永において、差別発言が原因で衡平社メンバーと行商人が衝突。七月九日には忠清北道で私立学校の白丁子弟退学事件が起こり、一カ月以上にわたって紛糾する。八月、衡平社統一大会には日本の警視庁スパイ・遠島哲男が日本水平社代表と偽って演説までしている。

二五年。四月、清州で警察による衡平社員侮辱事件発生。五月には慶尚北道・達城の学校で白丁の子どもの入学を住民が拒否、牛肉不買運動に発展する。八月九日には同じく慶尚北道で農民数千人による衡平分社襲撃事件が起こる。九月二日、またもや慶尚北道で農民数十人が衡平社員の自宅を襲撃。

二六年。一月、全羅北道で住民が衡平社員の妻を殴打、住民との衝突騒ぎが起こる。

三月七日、忠清南道で衡平社員と住民が衝突。四月二八日、扶余で差別発言した中国人に住民が加担、衡平社員を殴打。六月二八日、全羅北道で差別発言に端を発した事件で住民と衡平社員が衝突。

二七年。一月一〇日、全州衡平社の招きを妓生《キーセン》たちが拒絶。その月には「高麗革命党事件」で張志弼ら中央幹部が逮捕される。高麗革命党事件とは、他の独立運動団体と衡平社革新メンバーが組んで日本植民地支配からの独立を計画し、その設立メンバーが根こそぎ日本官憲に逮捕された事件のことである（後に張志弼は無罪）。八月一日、全羅北道で住民が衡平社員の妻の腹を蹴って流産させる。

こうして主要な例だけを羅列しただけでも、壮絶な闘いだったことが窺《うかが》える。約四年の間に各地でこれだけの衝突が繰り返されていたのである。しかも、これらの事件はその一端に過ぎない。

当初は「朝鮮人同士の内部抗争」と沈黙していた日本官憲だったが、騒動が激しくなると露骨に介入するようになる。弾圧も日に日に激しくなり、それにともなって創立当初から尾を引いていた衡平社の内部抗争も、さらに激しさを増すようになる。

一九三〇年四月二四日開催の「第八回衡平社全国大会」では、他の社会運動団体との共同戦線を主張する「急進派」と、あくまでも白丁問題に絞って運動すべきという「穏健派」との議論が紛糾。結局、決着のつかないまま閉会する。

翌年の第九回全国大会では「衡平社解消論」が噴出、もはや末期的といっても良い症状を呈するようになる。二年後の三三年には、総督府による大弾圧が行われ、衡平社のメンバーとそれに関係する者の多くが逮捕、拷問にかけられている。

そして三五年、総督府は治安維持法の下で、朝鮮半島のすべての社会運動団体を非合法化する。

直接にはこうした外部からの圧力により、衡平社はその年に活動を停止。名称も「大同社」と変えてしまう。これは白丁解放運動、そしてその組織である衡平社の解体を意味した。実質、衡平運動というものは、こうして一九三五年に、終わりを告げたのである。創立から一二年目のことであった。

その間の争議件数はわかっているだけで七八二八件、犠牲者は一七人、怪我人多数。一般市民からの迫害と内部抗争、そして朝鮮総督府（日本）の弾圧による、壮絶な憤死であった。

大同社は差別事件への糾弾運動などをその方針から除外し、主に皮革や畜産業など、白丁たちの利益確保を主な目的にするようになった。三八年には日本軍に機関銃、そして「大同号」という軍用機まで献納している。白丁社会の利益確保を考えた場合、当時の支配者・日本に対するこうした献納行為は効果的、と考えたのだろう。

その後、一時的に再び名称を「衡平社」へと戻したようであるが、この衡平社名称の復活は、最後のあがきでしかなかった。

一九四〇年、朝鮮における社会運動の前衛を突っ走ったかつての衡平社（大同社）は、完全に消滅した。前述のように実質的にはすでに五年前、活動自体は停止している。それと時を同じくして、日本の水平社も解散の憂き目に遭っていた。

それから五年後、第二次大戦が終結。そして息つく間もなく、朝鮮戦争が勃発。白丁解放運動が再び組織されることは、それから以後、今に至るもない。民衆は戦乱の中で避難を続け、白丁たちもその中に紛れて避難生活を余儀なくされたのであった。


衡平社の創立者であった姜相鎬と、最高幹部・張志弼はその後どうなったのか。

他の幹部たちは戦乱の中で身を隠し、終戦後も息を潜めるようにして暮らしたものと思われる。長く軍事政権下にあった韓国内の事情もあり、彼らの消息は今になってもよくわかっていない。特に日本軍に対して飛行機や機関銃を献納したという事実から、韓国内では非国民的に見られたという事実があったため、公には姿を現すことはなかった。

張志弼は忠清南道・洪城で食肉業に従事した後、七〇年代半ばに死んだとされている。

また、彼の長男が四・一九学生革命（六〇年に馬山市から起こった学生運動。李承晩大統領が退陣した）で生じた運動団体・平友会の代表を務め、今は釜山で事業をしているという説もあるが、いずれも確証はない。

姜相鎬は、晋州では名家の両班出身という事情もあり、消息は他の者よりは知られている。

彼の悲劇は、朝鮮戦争中に北の政府から「晋州市人民委員」に任命されたことである。これは本人の意思であったかどうかは不明だが、衡平社という社会運動の創始者だったことから、任命に至ったようだ。

しかし、朝鮮戦争の休戦後、これが民衆の恨みをかい、家族はバラバラになって晋州近郊に暮らさざるを得ない状況に陥る。元々が衡平運動の創始者であり、その上に社会主義者というレッテルを貼られ、そのため戦後も迫害されることになる。朝鮮半島における北と南の対立から、姜相鎬への迫害は当然のように行われたのである。

これが今日まで、衡平運動が韓国内で評価されてこなかった一因ともされている。

衡平運動は、社会主義的傾向の強い運動だと思われてきた。衡平社の最大の目的は、白丁への差別撤廃にあったのだが、この目的よりも、社会主義的傾向の有無だけが云々されてしまったのだ。

しかしその一方で、韓国における賤民文化の軽視という風潮も、衡平社が評価されなかった大きな一因でもある。軍政崩壊後の近年に至って、改めて再評価されてきてはいるが、遅きに過ぎたという感は否めない。

結局、晋州市の三・一独立運動功績碑から姜相鎬の名前は削られ、年金対象からも外されることになる。

衡平運動以前の社会運動にも多額の私財を注ぎ込んでいたため、晩年は自分の子どもを学校に行かせられないほど貧乏になった。そうして失意の内に、朝鮮戦争休戦まもなくの五七年九月二〇日、逝去した。

妻・李春葉は、その晩年にこう語っている。

「わたしの主人は、いつもこういう話をしていました。『両班もない、常民もないのがこの世の中だ。みんな一緒の人間であり、みんなが全く同じ人間として、国を建てていかなければならない時だ。こういう局面に白丁だ、いや違うと同じ朝鮮人の間で紛争を起こすことは、どんぐりの背比べだ。いや、かえって倭人（日本人）に国を売り飛ばすことと同じだ。倭人らは、朝鮮人を仲たがいさせようと血眼になっているのに、われらは何でうぬぼれ、お互いを憎みあって差別するのか、みんなのためにならないことだ』」

姜相鎬の葬儀は「衡平葬」と名付けられ、九日間にわたって盛大に執り行われた。葬儀には生前、彼を慕った白丁たちが大勢参加したという。このころまでは、こうして白丁たちの姿は時々見られていた。

しかしこの後、いつの間にか白丁たちは、消えてなくなってしまったのだった。

第四章
韓国の屠場を歩く

白丁率五パーセント

ソウルの、窓もない二畳ほどの狭苦しい木賃宿の部屋にいると、気が滅入って仕方なかった。それに冬のソウルはとても寒く、外にいても部屋にいても、なんだか惨《みじ》めな思いになってしまうのだった。

そんな定宿からほど近くにある高級ホテルのカフェで、わたしはソウル畜産企業組合元専務・李栄振《イ・ヨンジン》氏に会った。

李氏は工学博士という肩書きを持ち、ドイツへ畜産留学した経験もある。晋州の衡平社記念碑の建立《こんりゅう》にも関わり、韓国畜産界では大きな影響力を持っている。細い目に丸い

鼻、人柄の良さが顔から出ている。しかし、こと畜産界に関して彼の愛情と情熱は抜きん出ているだろう。それは、韓国の大手紙『朝鮮日報』を彼が批判した文章に表れている。

一九八七年四月二五日『朝鮮日報』のコラム「萬物相」が、韓国の国語研究所が出した「ハングル綴字法改訂試案」を取り上げて「貴重なわが国語をまるで白丁が牛を殺すように包丁でめった切りするようなものだ」と風刺したのである。

この大手新聞の差別的な風刺について、李栄振氏はこう反論した。

「屠畜商人を無差別にめった切りする筆鋒だ。白丁は食用を目的とする家畜を屠畜し、肉を加工・販売する職業人であり、専門的に従事する職人として遇しなければならない。しかるに『萬物相』の筆者は、白丁を食肉を生産するために家畜を屠畜する人間としてではなく、無慈悲に家畜の生命をたち切る人間として描き、『白丁』階級を賤民視する封建的イメージを増幅させ、職業蔑視をあおるものではないか。包丁は、肉を処理する人間にとって、言論人のペンと同じく貴重な職業の道具であり、牛を殺すとき、熟練の腕で正確な位置に刃をあて作業しなければ、貴重な肉を台なしにしてしまう。これをどうしてめった切りと表現するのか。この無神経な表現が大事なわが国語の標準語改訂に関する文章の中で使用されていることが逆に問題である」

氏から渡された名刺には「マネージメント・テクニシャン・アソシエーション」会長となっていた。これは、韓国で一九九六年から始まった肉に携わる職業の資格制度のことで、試験を受けて食肉業についての資格証を与えるという制度である。管轄は労働省で、彼はこの資格者でつくった協会の会長をしている。

「この資格がなければ肉屋は開けないわけではないが、今後はそうなるでしょう」

現在までの会員は約二六〇〇人で、毎年六〇〇から七〇〇人くらいが試験に受かっているという。

わたしが自己紹介すると、「日本へは豚肉を輸出していますから、その関係で時々日本からもお客さんが見学に来られていますよ」と歓迎してくれた。そういえば以前、韓国から輸入したという牛の枝肉を、日本の屠場で見たことがあった。あの肉には、李氏が関わっていたのかもしれない。そう話すと氏は、

「牛肉はまだ少ないんじゃないですか。豚肉は全国に行っていると思いますが。豚肉に関しては、九万トンくらい輸出していますよ」

と言った。確かにその牛肉は、まだ試験的に輸入したものだと聞いていた。

わたしは、白丁のイメージがあるために食肉業に就く若者が減っていると聞いているがと、単刀直入に訊ねてみた。

「ある面では逆です。七〇年代までは白丁とか、先祖が白丁でその仕事をやっていた人というイメージがありましたが、今はそうでもありません。戦後は戸籍に白丁と書かれ

ることが全くなくなりましたし。六〇年代まで白丁たちは同じような（食肉の）仕事に就いていました。しかし七〇年代の経済成長によって食肉の需要が伸びた後も、その仕事に就いている人の数はそう変わりませんから、お金が儲かるようになったんです。お金が入った人は転職していきました。そういうこともあって、食肉の仕事を希望する他の（白丁以外の）人たちも増えてきたのです。そして八〇年代には、前から食肉業界にいた白丁の人たちがほとんどいなくなって、イメージは完全に変わりました。まあそれでも、八〇年代までは食肉業界に対する差別意識は、まだ多少残っていましたが。わたしは八六年頃、大学の畜産科で講義を持っていました。その当時、食肉の売上が四兆ウォンくらいで、ハム、ソーセージなどの加工物の市場は三〇〇億ウォンくらいでした。当時の学生はその三〇〇億ウォンの分野にばかり行って、四兆ウォンの分野には進出していなかったのです。それで、わたしはいつも講義の時に『三〇〇億ウォンの市場に行かずに、四兆ウォンの市場に進出してください』と学生たちに頼んだのです。加工業は悪いイメージがないのに、肉を直接扱うのは卑しいことだという考えが八〇年代末までは、まだ残っていましたからね。しかし九〇年代に入ってからは完全に変わってきて、現在では大学の畜産科、加工科を卒業した学生はほとんどが食肉の分野に出ています」

李氏によれば、それで食肉業のイメージが変わったのだという。

では現在、食肉業に関わっている人で白丁出身だと思われる人は何割くらいいるのだろうか。それについて李氏は「五パーセントもいない」と断言した。それはちょっと信じられない数字だと、わたしは思わず口にした。

「まだ被差別部落が存在する日本ではそうでしょうけど、韓国では七〇年代に大きく変わったのです。当時は肉屋をやっているとすごく儲かりました。都市に人口が集中しましたからね。一般の人も参入してきたのです。白丁だった人たちは、その仕事に恨みをもっているし、収入がよくなって資金を貯めると、みんなその仕事から離れていきました。肉の商売さえしていなければ、白丁だったかどうかわかりませんからね。韓国では七〇年代から高度成長期に入り、不動産が値上がりしました。それで七、八〇パーセントが農民だった農村社会から、急に工業社会に変わったのです。今まで農業をやっていた人たちがソウルなどの都会に集まってきて、急に商売を始めたりするわけです。食肉業者も同じように、転職するには問題なかったはずです。日本のように昔ながらの職業を守るということは少ないのですよ」

　わたしがなぜ、こうも詳しく質問するのかというと、日本では畜産関係には部落出身者が少なくないからである。しかしその反面、部落民以外で食肉業に従事している人も多いし、またそれについては地域格差も激しい。それでも、やはり伝統的に同和（被差別部落）関係者も少なくないし、日本には今でも部落差別がある。

　だから、白丁が「いなくなった」という韓国で畜産業が差別されているのは、ただ白丁を畜産業に置き換えだけなのではないか。そんな疑問が沸いてきていた。

「そんな差別はないと思いますが、田舎ではまだ畜産について、そういうことを言う人がいるかもしれませんね」

李氏のニュアンスでは「そういうことを言っても物事が複雑になるだけで何も変わらないから、言わない方が良い」と言われているような気がして仕方がなかった。李氏が口を開いた。

「ところで、わたしからもお聞きしたいのですけど、日本ではある人がリストを作っていて、今でも調べれば被差別部落だとわかると聞いています」

「ええ、住んでいる場所などでわかるのです。リストは『部落地名総鑑』といって確かに存在していました。それが発覚して大きな事件になったこともあります。ただ、今はもうないと思いますが」

「それじゃあ、その差別されている部落を離れて他へ移れば？」

「部落民かどうかは、わからなくなりますね。ただプロが調べればわかるので、特に結婚のときなどに興信所を使って調べることも少なくないと聞いています。今の実態は地下に潜ってしまったから正確にはわからないですけど。韓国では調べたりしませんか」

「韓国の場合は、昔は集団で住んでいた場所もありましたが、戦争や韓国動乱（朝鮮戦争）などで大移動がなされているので、全然わかりません。日本のように集団で住むというのも、実際はそんなになかったと思います」

例としては、一つの村に何家族かの白丁が住んでいることが多かったのではないか、と言う。これは、わたしが聞いていた話とは少し違うようだ。以前聞いた話では、白丁村から町へ行商に来ていたということだった。どうも包括的に研究されていないので、人によって言うことが違う。また日本と同じように地方によっても、それぞれ事情が異なるようである。

わたしは「白丁出身の方にインタビューしたいのですが」と話してみたが、彼は渋い顔をして言った。

「非常に難しいです。というのも以前、畜産企業組合にいたとき、そこから出していた雑誌で白丁の問題を連載したことがあって、白丁の子孫の方々に話を訊いたのですが、何回もいかないうちにやめてしまいました。今更その問題を思い出す必要があるのか、という反対が内外から出てきたためです。

白丁差別は若い人の間ではなくなりつつありますが、まだ完全になくなったとは言えません。忘れつつあっても、まだ少し差別が残っている問題を、掘り出して想起させる必要があるのか、という反対が激しいのです。本人たちもインタビューには答えないでしょう」

これについては、地方の畜産組合幹部からも同様の話を聞いていた。もしかしたら同じ雑誌の話なのかもしれない。

こうした過程を聞いていると、李氏も以前はわたしのように、白丁出身者から聞き取りなどの取り組みをしていたことがわかる。しかしそのときの強烈な拒絶反応に「これはもう触れないほうがよい」と考えを改めたようであった。では、自らの出自を公表していた金永大氏について、李氏はどう思っていたのだろうか。
「金永大氏とは親しかったです。生前は頻繁にお会いしていました。自分から白丁出身だと明らかにしたのは、彼が初めてでした。衡平運動についての資料の整理を手伝ったこともありましたが、社会からはあまり認めてもらえず、寂しそうでしたね。金永大さんが出自を公表したことについては、今はもうそういう問題は存在しないから、ことさら大声で言うことでもないのではないかと思っています。それよりわたしは食肉業界の利権問題について興味をもっているので、白丁については食肉業の歴史を整理する上で、そういうこともあったということでは、公表しても良いと思っています。今はもう、白丁なんてみんな忘れていることですから、わざわざ言う必要はないと思います。言わない限り、その人が白丁かどうかなんてわからないですから」

李栄振氏は一つ一つの質問に丁寧に、そして誠意をもって答えてくれたが、それでも奥歯に物が挟まったような言い回しが多かった。

例えば「差別はもうない」と言った後に「差別はまだあるので、聞き取りをしたら拒否された」と矛盾した答えをしたりするのである。

これには、外国人であるわたしには「もうない」と言っておいたほうが良いという心理も、しばしば見え隠れする。とかく自国の裏側を隠したがるのはどこでもそうだが、韓国では白丁に限らず、そうした思いや行動が非常に顕著だと感じた。

例えば日本では、外国人に被差別部落を案内する個人も組織もある。しかし韓国では、もし白丁部落が残っていても、そこを案内するなんていう物好きな団体や個人はほぼ皆無だ。

また、わたしが特に疑問に思ったのは、白丁の畜産業からの転職である。屠畜は高度な技術を要するものだし、農民が都市に出て行くのと、肉屋が都市に行くのとでは大きな違いがある。都市で作物はできないが、肉屋は都市には必要不可欠だ。

だから高度経済成長からくる白丁の転居による「部落消滅」はあり得るかもしれないが、技術のいる畜産業の職人たちが二、三〇年で九五パーセントも辞めて、その分、一般の人が参入して入れ替わったというのは、わたしにとってにわかには信じがたいことだった。

それらのことを踏まえてわたしは、もう白丁差別などないとしておいた方が、そのうち忘れ去られていってしまうのだという論調を李氏に感じたのであった。

しかし、このことについて韓国人通訳は「それは上原さんの疑いすぎだ」と反論した。「畜産関係についてはわかりませんが、韓国人はけっこう引っ越しも多いですし、転職する人も多いですから、不思議ではないと思います」と言う。

確かに、町でもっとも古いといわれる店も韓国ではたかだか一〇年、二〇年ほどのところが多い。日本のように、戦前から営業しているなどという老舗《しにせ》は非常に珍しい。何か問題があれば積極的に転職や移転をするということは、韓国では珍しくない。

しかし、それにしても、それだけの短期間で食肉業に就く白丁は五パーセントしかいないというのは、日本を振り返ってみるまでもなく、常識的に考えると驚異的な数字だ。すごい離職率である。

もしこれが本当だとしたら、はっきりいって食肉業自体が成り立たないのではないか。なぜなら食肉業というのは李氏の言うとおり一つのビジネスではあるのだが、それ以前に基本的には職人技の仕事なのである。だからそんな短期間に職人たちが代替わりするなどということは「そうですか」と簡単に納得できる話ではない。

しかし、このようなことを調べた統計などはあり得ないので、事実についてはよくわからないというしかない。

最後になって李氏に「あなたの先祖は白丁ですか」と訊いた。彼は「いえ、違います」と、静かに否定した。

ソウルの屠場

前述したように、ソウル市内には馬場《マジャン》市場という大きな肉市場がある。ここには屠場も併設されていたのだが、都市部の屠場を縮小する方針から数年前に閉鎖された。今ではソウル市内にある屠場は一つだけとなった。その代わり、地方では最新・大型の屠畜施設が建てられている。これは世界的な趨勢でもある。日本も例外ではなく、伝統的な食肉業もこうした合理化の波にさらされている。

ソウルに今や一つだけあるのは、可楽屠場だ。八六年に操業開始だから比較的新しい屠場だ。一日に平均で牛二八〇頭、豚二五〇〇頭を屠畜しているというから、なかなか大きい屠場である。

わたしは可楽屠場の見学の許可を得て、事務所にいた課長に話を伺った。一九五三年生まれ、「ああ日本の歳では四八歳になるんですか。ちょっと得した気分ですね」と笑う、好印象な人だ。韓国では数え年なので、日本よりも一、二歳上の勘定になる。反対に日本式に数えれば、韓国人の年齢は一、二歳若くなる。

「八六年にこの屠場ができる前までは、農協の中央本部にいました。そこでは飼料の検査なんかをしてましたから、畜産関係になります。しかし現場の作業はしたことないんです。最初から管理職としてこちらに来ました。うちの就業時間は朝七時からだいたい午後二時くらいまで。牛は午前中に終わってしまいます。早いときで朝の一〇時、忙しいときは午後四時までやることもあります。休憩は午後に一度とります。旧正月の時期が一番忙しいですね。あとお盆も忙しい。作業内容は、まあ日本も同じだと思いますよ。

まず牛ですが、頭を銃で撃ってから吊り下げ、首を切って血を抜きます。その血は加工して飼料にします。エアー・ナイフは皮剝きのときに使います。それから内臓を取って、赤いの（心臓など）と白いの（腸など）とに分けて、地下室に流します。内臓などの副産物は販売所に行き、肉は冷蔵庫へ。内臓を洗う仕事はたいてい男です。女は四分の一くらいしかいないです。ああ、日本では女も多いですか。次に豚ですが、これは電気でやります。今ちょうどやってますから、見に行きますか」

白衣と長靴を借用して、課長に続いて現場に入る。

すると「ブギー！」とも「ギエー！」ともとれる豚独特の騒がしい悲鳴が、もうもうたる湯気の中に響いていた。むっとする血と脂の臭気。肉体からぶくぶくと涌き出た泡が臭いたっているかのようだ。

巨大な黒い豚が、両側を枠に挟まれてベルトコンベアで運ばれてくる。

最初にホースで水を十分にかけ、それから電気を流す。作業員はよくテレビや映画などで見る、心臓に電気ショックを施すパッド様の物を両手に持ち、豚の頭の頂点やその周辺に二回、ビビッと当てていく。電気を流された豚はピン、と頭を挙げて硬直し、その後ぐったりとなる。

電気ではまだ完全に死んでいない。次の工程、すなわち頸動脈をカットしたとき、完全に失血死するのだ。こうすれば肉に血がまわらず、新鮮で旨い肉が取れる。要するに鳥をしめるときと同じ要領なのだが、豚は大きいので暴れるとやっかいなため、先に電気で仮死状態にしてしまうのだ。皮は自動皮剝き機で一瞬のうちに剝いてしまう。

「豚が大きいのは、もう仕事も終わる時刻なので。最初は、小さいのというか、規格のサイズに合った豚から始めるんです。大きいのはいつも最後にやるんです。競りは一日に豚・牛・豚と三回やります。朝一〇時から昼食を挟んで午後までやります」

ちょうど午後からの豚の競りが始まっていた。階段状になった仲買人の席の前に、ずらりと豚の枝肉（二つに切り開いて頭、足、皮を取った状態のこと）が流れてくる。

正面の電光掲示板には番号・肉質のランク・性別・重量・値段・競り落とした人の名前がそれぞれ表示され、次々と競り落とされて行く。仲買人が手元のスイッチで、値段を入力していく仕掛けだ。日本とまったく同じである。

値段だが、豚は一頭一万六〇〇〇円くらい。牛は一頭三〇万円から四〇万円くらいで競り落とされる。もちろん、これはあくまでも平均で、値段は肉質などに応じてかなり格差がある。

「ただ、牛はいま病気騒ぎもあって品数が足りないので、全体的に値段が上がっています。一人あたりどれくらい買って行くのかは、その仲買人によって違います。二〇〇とか三〇〇頭くらい買う人もいるし、二、三〇頭の人もいます。もちろん一頭からでも買えますよ」

現場をみて回り、課長に屠場の概要を聞いたあと、作業員の話を聞きたいと申し出るが、

「仕事が終わったらみんなすぐ帰ってしまうから」

と、課長は乗り気でない。この辺りは従業員への気遣いが感じられる。

話し合いの結果、現役の作業員ではなく、現場の管理責任者の三人から話を聞くことになった。本当は現役の作業員がよかったのだが、その三人も現場作業経験が豊富だというので、わたしも譲歩した。

現在の従業員数は、全体で一一〇人くらい。二〇代、三〇代、四〇代がそれぞれ三割ずつくらいで、五〇代の人が一割くらい。思ったよりもバランスがとれている。定年は五八歳だそうだ。

最初に話を聞いたのは作業員Aさん、四四歳。牛が逃げることはあるかと聞くと、ちょうど二カ月前に市場中を逃げ回ったとの由。それでわたしが「日本でもたまに逃げるんですよ」と言うと「へえ、日本でも逃げるんだねえ」と、少し緊張していた顔がほころんだ。

日本畜産界のために言っておくと、牛が逃げると言っても屠場の敷地外へ出るのではなく、囲いを飛び出したり、何かの拍子で列を離れてウロウロするようなことを指す。わたしが幼い頃は、外にまで逃げ出すような「おらがむら」的な小さな事件はあったが、近代化した設備に変わった現在ではほとんどない。

Aさんは頭が少しはげていて頬が赤く、はにかんだ笑顔で質問に答えてくれる。好印象なおじさんだ。担当は豚で、今は電気を当てる工程の管理責任者だが、それまでは実際に電気を当てていたという。

「この仕事は、ここができた八六年九月から始めました。以前は肉関係とはまったく関係のない仕事に就いてました。子どもは二人で娘は幼稚園の先生、息子はちょうど徴兵なんで軍隊に入っています。この息子は写真が好きなんで、なんか広告の写真を撮る仕事に就きたいと言ってました。この仕事を始めるときは、そうですねえ、やっぱりちょっと嫌でしたね。どうしてと訊かれても……。やっぱりこういう仕事をしてるということを、自分から他の人に言うのはちょっと。そういうのは昔からの考えだから……。だからわたしもそう思ってとったんですが、でも今は前ほど嫌だとは思わなくなりました。この仕事は早く終わるので、自分の趣味もできるし、いい仕事だと思うようになりました。給料は年に二八〇〇万ウォン（約二八〇万円）もらっています。ちょっと疲れる仕事だけど、他の会社に比べて給料は悪いとは思わないし。まだ若いから特に体も痛いところもないです。他の仲間はよく肩が凝ると言ってますが」

「息子さんがもしこの仕事をしたいと言ったらどうしますか」

「ハハハ、やれと言ってもやりませんよ。最近は若い人も来るようになって世代交替もできてきましたけど。以前は全く若い人が来ませんでした」

「この仕事に誇りをもっていますか」

「うーん。今となっては他のこともできないし、だからこれをやらなくちゃ」

あなたがいないと皆さん肉が食べられなくなるので、頑張ってくださいねとわたしが話すと「ハハハ、そうですね」と笑った。


二人目のBさんは四四歳。一九八一年に農協から畜産部門が独立したときに転職してきた。その前は一般の会社員だったという。現場作業員としては内臓に番号を付けることから始めて牛のほとんどの工程を経験し、現在はライン管理を担当している。「じゃあ出世したのですね」と言うと「ただ他の人より働いた期間が長いだけ」とはにかみながら答えた。

決して寡黙ではないが、口数は少ない。色白の高倉健という感じだ。

「高校二年になる息子が一人います。息子はまだ高校生なんでよくわからないけど、コンピューター関係の仕事に就きたいと言ってます。この仕事についてのイメージは、最初はやっぱり一般の人はちょっとそういう悪いイメージを持ってます。わたしはそれはおかしいと思いますけど。この仕事についてよく知ってる人には、理解できる仕事だと思っています。ただ、自分から『こんな仕事をしている』と自慢できる仕事ではないです」

どうもBさんが物静かなので、工場長が気を遣って、別の人も連れてきてくれた。

そのCさんは五三歳。元々は古くからある馬場屠場で内臓処理の工程に就いていたが、一九八六年に可楽屠場ができてからここに移った。現在は全体の管理責任者の地位にある。恰幅の良い体に浅黒い肌。黒々とした髪、逞しい顔つきである。

「息子が一人いますが、もう結婚して孫もいます。息子は農協で電気関連の事業で働いています。息子にわたしと同じ仕事をさせたいとは思わないです。自分がやりたいと言うのならわからないけど、薦められる仕事ではないから。屠場の仕事というのは、韓国社会では少しイメージが悪いですし。この仕事はきついですし、昔は人に指もさされたし悪い扱いも受けました。けど今はちょっと変わって、就職難のこの時代でも安定しているので、大学を出た人もここで働いています。薦められる仕事ではないけども、これがわたしの職業だし、一生懸命これをやって家庭を築いてきましたから。わたしはこの仕事を誇りに思ってやってきました」

「この仕事をしていて良いことは何でしょうか。例えば、おいしい肉が食べられることとか」

「小売ではそういうこともできるだろうけど、全部出荷するから。それに小売の人も商売だから、自分たちでは食べられないんじゃないですか」

周囲の冷ややかな視線を浴びながら続けたインタビューだが、それでも思っていたよりは協力的だった。

それは、やはり場所がソウルという大都市ということ、それと一般から参入した従業員が多く、職場の雰囲気が比較的アッケラカンとしていたことなどが幸いしたようだ。

その中でもCさんは、馬場屠場の時代から屠畜にかかわっており、後で確認すると親の代から畜産関係に就いていたそうだ。

そうした事情から考えて、彼は白丁の系譜をもつ人と考えて良いだろうが、そのCさんが、三人の中で特に自信をもって質問に答えてくれていた。「この仕事に誇りをもっているか」という質問をそれぞれの人にしていたのだが、「誇りをもっている」と答えたのはCさんだけだったのが、とても印象的だった。

清州の屠場

清州は韓国内で唯一、「自分は衡平社員の末裔（白丁の出身）である」と公言していた金永大氏の故郷である。

前述したように氏は一九九九年に六五歳で亡くなり、これで韓国内において白丁出身だと公言する人は皆無になってしまった。氏の生前には「なぜそんなことを公言するのか」という多くの声が寄せられ、周囲の理解もなく、孤立しがちだったという。ソウル畜産企業組合前会長の李栄振氏は「わたし個人は、白丁について云々することには反対だったのですが、衡平社の資料編纂《へんさん》などはお手伝いしました。聡明で勇気ある方だった」と語っている。

今回、清州へは高速バスでソウルから向かった。

しかしバスを間違えて、さらに遠くの全州まで行ってしまった。全州はピピンパプ（ビビンバ／混ぜご飯）で有名な都市だ。

なぜこういうことが起こったのかというと、清州と全州、どちらも日本語では「チョンジュ」と言うからである。韓国人は発音のアクセントで区別するのだが、日本人のわたしにはできない。通訳がわたしの「チョンジュ」という言葉の発音を「全州」の方だと思い、全州行きのバスに乗り込んでしまったのだ。もしわたしが韓国人であるなら、こういう間違いは絶対になかったろう。またチョンジュという地名はさらにもう一つあり、合計で三つある。

全州に着いてしまったのでは仕様がないので、滞在たった五分で急いで戻りのバスに乗り込む。まったくひどい目に遭ってしまったが、これはガイドブックにも載っているような典型的なミスである。

ソウルの屠場が首都型だとしたら、清州のそれは地方都市型ということになる。前述した最新鋭の、大型屠場の代表である。

実際に行ってみると、屠場自体は町からずいぶん離れていた。ターミナルからタクシーで向かうが、運転手も最初は道がわからなかった。三〇分ほど行くと、田んぼの中に突然、近代的な工場が現れた。なぜか日本のラブホテルを思い出す。田園風景の中に最新鋭の施設という、どことなくアンバランスな風景である。どこかで見たことがあるというデジャヴに襲われたが、一〇年前に訪ねたことのある北海道二風谷《にぶたに》の最新鋭ダムと重なっているんだなと思った。

五年前に建てられたばかりだから、外壁も内部もまだきれいだ。案内を通して屠場長Aさんにお会いして取材趣旨を説明する。

ところがソウルとは打って変わって、取材拒否を言い渡された。

「わたしは大学を出ているのであなたの仕事に理解はあるが、取材は一切ダメです。理由は作業員の自尊心を傷つけるからです」

一時間余り交渉するが、らちがあかない。通訳嬢もわたしと工場長の喧々諤々《けんけんがくがく》の話し合いに怯《おび》えてしまう始末で、通訳嬢をなだめながらの説得になった。

「白丁なんて今はもういないし、この仕事に対する差別なんてまったくないです。しかしそうした関連の取材は絶対にダメです」

差別はないと断言するなら、そこまで拒否することないでしょうと食い下がるが、次第に険悪な雰囲気になってきた。仕方なく譲歩していく。

結局、作業員でなく工場長であるAさん自身から話を聞くこと、屠場内の見学は良いという話でまとまった。どうも韓国の屠場では、こうしたテーマで取材するときはかなりの困難を感じる。白丁出身者のインタビューをあきらめたというソウルの李栄振氏の気持ちがわからないでもない。

Aさんは五一歳。この世界に入ったきっかけは大学の畜産科にいたから。初めはハムやソーセージの加工工場にいたが、ここができてから管理職として移った。

一時間あまりの交渉では一時険悪な雰囲気にもなったが、わたしが諦めたのを知るとAさんもほっとしたのか、その後はうちとけて談笑となった。思っていることが顔に出るタイプの、正直な人だと思った。外見は韓国のイッセー尾形という感じ。

「わたしの個人的なことですか。そうですね、三〇のときに結婚して、学校に行っている娘が二人います。上はバイオリンが好きなので音楽関係に進みたいと言ってます。下の子はなにか、詩人か小説家になりたいと言ってますね」

「わたしは物書きをしておりますが、物書きというのはお金がなくて大変です」

「ああ、そうでしょうねえ。わたしもだから反対しているんですが」

「しかし、堅実なお父さんとはまた随分、違う道を希望しているのですね」

「ハハハ、妻が美術系なものですから」

　韓国人は日本人のように根にもたないでさっぱりしているので、こうして揉めたときはとても助かる。

　わたしは屠場の設備について尋ねた。

「ここはすべてオランダ製の最新設備です。こうした水準の屠場は韓国内でも七ヶ所あり、日本のハム会社などからも時々、見学にこられます。日本にもまだここまでの設備はないと思いますよ。清州はちょうどソウルと大田の間にあるので、大都市への食肉供給を目的として建てられました。全従業員数は約四六〇人で、現場に出ているのはその中でも約二八〇人です。一日でだいたい牛七〇から一〇〇頭、豚一五〇〇から一八〇〇頭くらいを加工しています。牛の病気が流行ったこともあって、加工する頭数は減ってます。ここはそれだけでなく『サバキ（枝肉の切り分け）』や『カット・ミート（肉を小部位に分ける）』もうちでしているんですよ。『サバキ』は日本語でしょう？　ハハハ、そう聞いています。韓国語には同じ意味で『コルバル』という言葉もあるのですが、我々はもっぱら日本語の『サバキ』という言葉を使っています」

　わたしは懲りずに、さっき揉めた話を持ち出した。つまり「屠場の仕事は白丁のイメージがあるので、なかなか若い人はやりたがらないと聞いたのですが」と訊ねてみたのだ。

「ええ、確かに従業員はみんな三〇代以上で若い人はいません。しかし、まあそれは若い人は他のきれいな工場に行ってしまうから。清州は他に工場が多いんですよ。それにね、この屠場を建てるとき、地元から反対されたのですが、それは主に環境面から反対したのであって、他の理由からではないんです。わたしの大学の友人でもみんなこういう仕事してますけど、差別なんて、そんな意識は持ってませんよ」

「しかし、これはわたしが直接聞いたのですが、清州に住む大学教授が『わたしの娘は、肉屋となんかは絶対に結婚させません』と言ってました」

「……うーん、個人的にはそう考えないけど、六〇代の人とかならそう考える人もいるかもしれない。わたしの父親も、確かにこの仕事には批判的でした。しかしそんなこと言ってると、若い人についていけなくなりますよ。差別でいえば、日本の方がひどいじゃないですか。わたしの親戚が日本の鹿児島に住んでいていろいろ話を聞きますが、ひどいと思ったなあ」

もちろんそれは事実だろうが、ここへは「日韓どちらが差別的か」を議論しにきたのではないので、あえて反応しなかった。それに大学教授といっても、その人は四〇代、Aさんより年下である。しかしそれを言ってもAさんを追い詰めているような気になりそうなので、もう一々言わなかった。

「牛ですか。ええ、去年一度だけ裏山に逃げましたね、ハハハ。二〇人くらいで手分けして追い詰め、取り囲みながら網を被せたんです。何とか日暮れまでに捕まえましたよ。死亡事故は幸いまだ起きていませんが、牛の角で突かれて怪我した人はいます」

その後、屠場施設内を見学させてもらう。まず、非常にきれいなのでびっくりする。新しい施設なのでそれも当然なのだが。

区分としては他の屠場と同じで、大きく豚のラインと牛のラインと二つに分かれており、かなりシステマティックに作業が進んでいる。こうなると作業している人も「職人」というより、「職員」という感じだ。

手ごろな大きさである、豚は特にオートメーション化が進み、毛焼きから皮剝きまで自動で行われる。従業員の負担がかなり軽くなったことは、設備を見ればよくわかる。

それから、枝肉を各部位に分ける作業場も見せてもらう。カット・ミートと呼ばれている作業だ。屠畜作業はすでに終わっていたが、ここはまだやっていた。

広い作業場では、総勢三〇人くらいの作業員が白いまな板の上で、肉から骨を取り部位に切り分けている。白衣に白い帽子、マスクをしている。かなり衛生面に気を遣っていると思った。

取材を終え、お礼を言って通訳嬢と外へ出ると、もう夕闇に包まれていた。門前に立っていた守衛さんにタクシーを頼むと、

「せっかく日本から来たのだからそれは申し訳ない。タクシーは高いので、これから帰る従業員に乗せてもらいなさい」

まったく、情にあつい韓国の良いところである。わたしは感激しながら礼を述べた。清州屠場は、さすが日本からも見学者が来るだけあって、最新・最高の設備だった。しかし病気騒動もあるのはわかるが、一日の処理頭数が老朽化の進むソウルの屠場よりも少ないのは宝の持ち腐れかもしれない。全体に不景気で、うまく回転できていないのかもしれない。しかし、ただでさえつらい汚れ仕事に最新の設備が入ることにより、従業員の負担がより軽くなるのは良いことだろう。

待っている間、守衛さんが熱心に通訳嬢に話しかけている。

何の話？　と聞いてみると、

「あの、結婚相手は必ず徴兵の終わった人にしなさいという話をずっと」

「ふーん、そういうのって関係あるの？　だって韓国の人はみんな徴兵に行くんでしょう」

「そうですね。でも徴兵を逃れる人もいますし、軍隊に行った人は逞しくなって帰ってくるので、年寄りは特に気にします」

二〇分ほど待って、従業員を乗せて町に帰るバンに同乗させてもらうことになった。なんとこうして期せずして、従業員と少しだけ話をすることができるようになった。

乗っているのは見た感じ三〇代前半の若い男性二人。彼らは途中で降りるので、たった一五分程度で話を聞きださなくてはならない。彼らの「自尊心」を傷つけないように、自分の話をしてから何気なく「仕事はどうだい」という風に、のんびりと話をした。

「仕事はそりゃしんどいよ。だけど、どんな仕事もしんどいのは同じだしねえ。へえ、日本の屠場でもそうなの？　どこも同じなんだねえ。この仕事してて嫌なことかい？　ここは普通の会社みたいに九時から六時までの勤務（屠場は通常、朝早くから午後一、二時には終わる）だから、それがちょっと嫌だね。いやあ、この仕事してるからって、結婚しにくいことはないんじゃないかなあ。そんなことないと思うけどなあ。意識したことないなあ。差別？　ああ、確かにそういうこと言う人もいるけど、時代遅れだよ」

ガタゴトと夜の闇の中を揺れながら、バンはゆっくりと町へと戻った。

白丁の大統領

韓国の最南に位置する町、馬山で、わたしはふとした偶然から畜産の関係者と知り合った。その人の名は鄭ヨンテさん（仮名・六〇歳）。わたしは親しみを込めて、彼を「さん」付けで呼ぼうと思う。というのも、わたしの実家が肉屋だということで、非常に親切にしてもらったのだ。

わたしが韓国を訪れるたび、連絡を取って一緒に食事やカラオケに連れて行ってもらった。鄭さんは『港町十三番地』が得意で、日本でこれを歌って大いに感心されたと自慢する、人の良いおじさんだ。地元ロータリークラブの幹部で、何度か来日経験がある。またインターネットを使いこなす馬山畜産界きってのインテリだ。

彼の仕事場でもある馬山の屠場に連れて行って欲しいというと、渋い顔をして馬山はダメだと言う。

「馬山の屠場はもう古くなってしまったので、最近は隣の昌原にある屠場に移っているんだよ。昌原の屠場の方が新しくて大きいよ」

大きくて新しいのは清州で見ているからもういいのだが、どうしても新しい方が勉強になると鄭さんが言うので、とりあえず昌原の屠場に出かけることになった。

事前に、従業員に話を聞くことはできないよと釘を刺される。やはりデリケートな問題なのだ。

昌原は、馬山からは車で内陸へ一時間ほどのところにある、農家の多いのどかな町だ。屠場の出入り口には、細長いパイプから自動的に、車に消毒液をかける装置があってびっくりする。牛や豚の病気があるので、少し前に設置したのだという。こんなので効果があるのか疑問に思ったが、みな真剣だ。

工場長のAさんの説明を聞く。

「この辺りでは一番、大きな屠場です。ここでは豚と牛を扱っていますが、その中でも特に豚が多くて、ここで落とした豚は、日本にも輸出していますよ」

できるところはすべてオートメーション化しているというだけあって、ここもまた清州と同じく清潔だ。屠畜の建物は清州のそれよりも小さいようだが、全体の規模としては確かに大きい。名称が『昌寧畜産物流団地』となっているだけあって、ハムなどの加工もここでしているという。

確かに日本人も見学にくるようで、日本語も併記してあるパンフレットには、「九九年、日本への豚肉輸出三〇〇〇万ドルの達成に続き、二〇〇〇年代には豚肉輸出五〇〇〇万ドルの達成を目標に競争力の向上に直進しています」と書かれている。

屠畜数は一日に最大牛二〇〇頭、豚二〇〇〇頭が可能だが、説明によると豚がメインのようである。

敷地面積一万坪以上。日本の旧厚生省から残留物質検査免除工場として指定されていると、誇らしげに記載されている。確かに鄭さんが「ぜひ見にこい」というだけある。

それにしても、わたしはこんな最新の屠場を見ることがなかったので、ちょっと驚いた。日本では以前に二つの屠場を見学したことがあったが、いずれも見学自体が一〇年ほど前なので、古い屠場しか知らないのだ。

「馬山など周辺の町にも屠場はありますが、いずれすべて閉鎖して、こちらに移す計画をたてています。やはり衛生面の問題と、合理化のためですね。ただ閉鎖後の従業員の雇用問題もあるので難しいところです」

こう近代的な屠場を回っていくと、贅沢なもので、新しい設備の屠場はもう見たくないという気分になってくる。わたしは鄭氏に「ぜひ馬山の古い屠場を見せてほしい」と再度、頼み込んだ。

「これからの新しい屠場を日本の参考にすればいいのに、わざわざ古い屠場を見に行くなんて」

と不満そうな鄭氏だったが、「新しいのも古いのも見て勉強したいのです」と言うと、渋々ながら了承してくれた。

わたしはそこで、さらに図に乗って、

「無給でけっこうなので、そこで一週間ほど働かせて欲しい」

と頼み込んで、これも了承してもらった。

翌日六時にまた来て欲しいと言われたので、その日はホテルに戻ることにした。

翌早朝、まだ夜も明けきらない内に、始発バスに乗って馬山へ向かう。バスターミナルからは、タクシーに乗り換えて馬山屠場へ。タクシー運転手も道がわからず、携帯電話で鄭氏と話してもらって屠場へ向かう。

残念ながら早朝ということと、屠場で働くので通訳は同伴でないのだが、幸いにも鄭さんは英語を少し話すことができるし、わたしも片言ながら韓国語を話せるようになっていた。少し働くだけなら、言葉もいらないだろう。

屠場は馬山の郊外にあった。寒い時期だったので、事務所のストーブにあたって鄭さんの来るのを待つ。そうしている間にも、次々と従業員たちが出勤してくる。皆、ストーブにあたって手持ち無沙汰にしばらく雑談している。

通訳がいないので何を話しているのか全くわからないが、その風貌と雰囲気は、日本の屠場労働者のそれと驚くほど似ている。感心しながらしばらく見入ってしまったほどだ。服装もそうなのだが、顔つきや煙草を持つ仕草までそっくりだ。

その内の一人が、小さな紙コップにコーヒーを入れてわたしに勧めてくれる。こんなところもまたそっくりだ。

恐らく欧米でもどこでも、同業の世界では、その雰囲気はよく似てくるのだろう。しかも今回はアジア人で顔つきもほとんど同じだから、似すぎていて、言葉が通じないのがかえって奇異な感じがするほどだ。こういうとき、「やっぱり韓国は近い国だなあ」という実感がわく。

鄭氏が出社してきたが、わたしを見ると「本当に来たのか」という表情をする。嫌な予感がしたが、工場長と掛け合うとのことで、制服を着た鄭さんは同年輩の男と何か話し始めた。彼が工場長のようだ。

わたしも横に立って、鄭氏に事情を説明してもらうが、工場長は首を横にふる。どうしても働くのは駄目だという。理由を訊くと「事故と衛生面」だと言う。

「もし事故が起こったら責任がもてなくなるので、勘弁してほしい」

そう悲しそうな顔で工場長が言うので、残念だが諦めることにした。これ以上ねばって鄭氏のメンツをつぶすわけにもいかない。

日本でもそれらの理由で見学すら難しくなってきていることを思えば、見学できるだけまだ幸運な方か。せっかく早起きして来たのにとガッカリしたが、半ば覚悟していたこともあったので仕方あるまい。

わたしは迷惑をかけるつもりはなかったと謝り、工場内を案内してもらうことにした。

気の毒そうにわたしを見る工場長と鄭氏に、かえってこちらが気を遣ってしまう。特に取材意図を話していなかったのと言葉ができないために、工場長はわたしのことをとても熱心な日本の肉屋だと思っているのかもしれない。

もうもうと湯気がたつ屠場は、清州や昌原の屠場と比べると確かに狭い。いわゆる町工場という雰囲気だ。

屠畜数はその日によって全然違うが牛は三〇～五〇頭、豚は一五〇～二〇〇頭を一日で屠畜する。食肉関係の店から注文をとってからその日の屠畜数を決めているので、その日に割る（屠畜する）頭数はかなり流動的であるという。いわゆる委託制で操業しているというわけだ。これは日本でも、田舎では珍しくない。ただ、最近は近くの昌原屠場で処理する頭数が増えているので、規模的にも縮小傾向にあるのだそうだ。

ほとんどが手作業だからか、たいへんな苦労を強いられる従業員には申し訳ないことだが、やはり古い屠場の方が見ていて楽しい。オートメーションの屠場より、この馬山屠場の方がより職人的・人間的な印象を受けるからだ。

工場の外では、白衣にマスク姿の男がノートを持ってチェックしているのが目につく。聞けば、衛生チェックをしているとのこと。さまざまな疫病には韓国畜産界も悩まされているので、その予防の一つのようだ。最近はより厳しくなり、そのためにわたしが働くのも許可されなかったのだ。馬山屠場は設備も古いので、こうした衛生面でのチェックが不可欠となっている。

馬山屠場

だいたい朝の七時頃から始めて、正午には終わってしまう。その後、片付けや清掃を毎日行うから、それでもかなり忙しい。そして手の空いた人から敷地内にある食堂で食事をして、自分の受け持ちが終わり次第、順次帰っていく。きつい仕事だが、早く終わるので日中に時間をつくれる。だから肉体労働の中では、そう悪くない仕事だと従業員は話す。

これは屠場労働者のほとんど共通した認識のようだ。屠場の仕事の良いところを訊くと、ほとんどの人が、この早く終わる就業時間を挙げる。

屠畜作業を見ていると、一頭終わる度に腰掛けて休んだりしている。本当に一日三〇頭もできるのか、と思うほどのんびりしている。豚はある程度流れ作業的に行っているが、それでも大規模屠場よりも流れる間隔が広い。

「こんな所、見てもしょうがないのに」

と、最初はぶつぶつ言っていた鄭氏だが、最後はあきらめ顔でいろいろと説明してくれる。作業見学が落ち着いたところで「朝早かったから、ご飯でも食べませんか」と食堂に誘ってくれた。

屠場の食堂だから肉が多いのだろうかと思ったが、今日の献立はメウンタン（辛い魚スープ）だ。ステンレスの食器にメウンタンとご飯、それにキムチ二種類、魚の佃煮という献立。非常に旨い。大学の学生食堂とほとんど同じシステムとバリエーションである。これで一食二〇〇円ほどだから、韓国でもかなり安いほうだろう。

食堂内にはテーブルが六つあり、ほぼ満席でかなり賑やかだ。厨房には五人のおばさんが入っており、わたしに注目しながらわいわいとなにやら話している。小規模な馬山屠場に日本人が見学に来るなんて、恐らく初めてのことだろう。「旨いか。辛いのは大丈夫か」と厨房の中から親切に訊いてくる。食後、工場長にお礼を言って屠場を後にした。

そして町中にある鄭氏の仕事場で通訳と合流し、改めて鄭氏に話を聞いた。

「若者がこの仕事に就きたがらないということは確かにあるけど、お金が儲かれば今はよい世の中になっているんだから、白丁のイメージからくる差別の心配はしてないよ。人間がいるかぎり、畜産はなくならないからね。昔の衡平運動は知っている。だけどそれが何を産むのかね。そんな運動をしてもみんなに良く思われないだけ。だったら仕事に専念したほうがよっぽどいい。白丁だなんだと差別されてもね、韓国は資本主義なんだから、お金さえあれば誰にも何も言わせないよ！」

鄭さんの先祖は白丁なのか、わたしは思い切って訊ねた。

「それが違うんだ。わたしの実家は農家でね。わたしは大学を出てから会社でサラリーマンをしていたんだけど、そのとき妻と出会ったんだ。妻の実家が肉屋をしていたので、それでわたしも会社を辞めて肉の店を始めた。その小売りの店はまだ市内にあるよ。店は妻に任せて、わたしは主に畜産組合の事務所で仕事しているんだ」

「そうでしたか。実は、わたしの母も鄭さんと同じく一般の出身で、結婚して日本の白丁（被差別部落民）の世界で仕事に就いたとき、そこが閉鎖的だったので苦労したという話を聞いたことがあります。鄭さんも脱サラして畜産の世界に入ったわけですけど、そうした苦労はありませんでしたか」

鄭氏はそんなわたしの話を「なるほど」と呟きながらしばらく考えている。

「そうか、うーん……。正直言って、確かに君のお母さんのように、わたしもこの世界に入ったときは苦労した。畜産のことは何も知らなかったし、意地悪のようなことをされた覚えもある。だけどすべて努力次第だからと思って、わたしはこの仕事に専念したんだよ。それでわたしが成功しだすと、みんなの見る目も変わってきてね。今はみんな仲良くしているよ。まあ、いつまでもそんな閉鎖的では何も良くならないことは、みんな知っているはずだしね。今じゃ、わたしが白丁のプレジデントさ！」

ははは、と笑いながらそう話す鄭さんに、わたしも思わず噴き出してしまった。「白丁のプレジデント」を自称する人は、韓国でも彼くらいなものであろう。

「なんだ、白丁だからっていじけていても駄目だし、両班《ヤンバン》がなんだっていうんだ。もうそんな時代じゃないんだよ。現代はね、お金があれば両班なんだ。お金持ちになって、『両班なんかなんだ！』って言ってやればいいんだよ！」

裸一貫でこの世界に飛び込んで成功し、地元の名士としての地位を築きつつある鄭氏の言葉には、ある種の迫力がある。

ただ、差別の実態について質問すると、

「そんなことは何もない。そんなこと思い出して今ここで言っても、何か変わるわけじゃない」と一蹴され、一切何も答えてくれなかった。

しかしこの鄭氏の力強さは、わたしにとって一種、爽快でもあった。

やはりあった白丁差別

再び凍《い》てつくソウルの街頭に立っていた。韓国人通訳と共に、わたしは再び馬場洞《マジャンドン》にやってきていた。

久しぶりの馬場市場は、新正月前の活気に満ちていた。ここだけは冷え込む韓国経済とは無関係のように見える。

軽く市場を周ってから、テント小屋の食堂が並ぶ通りに出る。もうお昼過ぎだからか、ちょっと見ただけでは営業しているのかどうか、わからないくらい閑散としている。とりあえず、そのうちの一軒に入ることにした。以前、日本人のOさんと入り、老人にからまれた所とはまた別の屋台だ。

テント張りではあるが、内側は木組を施してあるし、側壁も作ってあるのでなかなか頑丈で中は暖かい。広さは六畳くらいか。こんなに狭くても経営できているのは、売上のほとんどを市場に出ている肉店への出前に依存しているからだ。

中には太ったおばさんが一人。いぶかしげな目でわたしたち二人をちらりと見て「いらっしゃい」と投げ捨てるように言った。

狭いのでテーブル一つしか置いていないオンドル（床暖房）に座り、とりあえず眞露《ジンロ》と生肝、それに生センマイ（牛の胃）を注文する。

この店は他に何がおいしいのですかと聞くと「ソルロンタン」。再びぶっきらぼうな答えが返ってきた。ソルロンタンとは、牛骨を煮込んだ白いスープのことで、ご飯などが付く。それも注文した。

眞露を出すと、そのままおばさんは外へ出て行ってしまった。

どこへ行ってしまったのだろうと思っていると、やがて肝とセンマイをぶら下げて戻ってきた。市場の店まで買いに行っていたのだ。「この方が新鮮だから」と言う。

「知ってる人が見ないと、いいものも買えないからね」

恐ろしく愛想がないが、親切な人だとわかる。酒の呑めない通訳嬢に、もし酔い潰れたら頼むとだけ言って、一人黙々と酒をあおった。

焼酎が三本目に入ると、さすがに「大丈夫か」とおばさんも心配気になってきた。わたしもいつもならかなり酔っぱらっているはずだが、話を聞きたいという緊張感から、あまり酔っていなかった。ぽつぽつと質問してみる。

「この市場がいつできたかと言われても、そうねえ、わたしの若い頃からあるから。その頃からよく買い物とか来てたけど。だけど、どうしてそんなこと聞くんだい」

顔を怪訝《けげん》そうにしかめておばさんが訊く。それでもぽつぽつと、今は五二歳で子どもは二人。娘は歌手のマネージャーで、息子は他で店を持っている、などという話を聞き出した。

そのとき、通訳が不安そうな顔でわたしを見た。

「ウエハラさん、かなり変に思っているようですよ」

「そう、やっぱり警戒してるか。まあ大丈夫だよ。君はぼくが呑み潰れる心配だけしておいてよ」

怯《おび》える彼女に、日本語でおどけて答える。

「あんた、日本人か」

「ええ。日本で親父が肉屋をしてましてね。そんなこともあって、今は各地の屠場を見学しに来てるんです。そしたらこちらに大きな肉市場があると聞いたんで、見に来たん

馬場市場の食堂小屋

ですよ」

　わたしはとっさにデタラメを言った。しかし親父が肉屋というのは本当だ。こうして警戒されているときは、酔っ払って自分のことを積極的に話すに限ると、わたしは信じていた。

「ふーん、それは熱心だねえ」

「市場は何時頃からやってるんですか」

「朝は四時くらいからかな。やっぱり朝が一番忙しいよ。だから昼過ぎにはもう終わり。わたしの食堂は八時からやってる」

「食堂を始めて何年になりますか」

「一二年くらいかなあ。四〇で夫と死に別れてからだから」

　以前に入った食堂もそうだったが、こうした簡易食堂は、夫と離婚したり死に別れたりした女性が経営していることが多い。これも韓国内の、一つの差別的構造といえるかもしれない。

「最近の景気はどうですか」

「そんなの、わたしの店とは関係ないよ。でも悪いね、やっぱり。日本も悪いってね」

「よく知ってますね」

「テレビのニュースでやってたから」

「日本じゃ肉商売してると差別されて、時々、結婚相手に逃げられたりするんですけど（結婚差別）、韓国はどうですか」

それはもちろん事実ではなかったが、わたしはあえてそう訊ねた。

「そうねえ。この仕事は昔から白丁の仕事だって言われてるから、やっぱりなかなか結婚はできないね。たいていは、この市場の中の者同士で一緒になるね」

やはりそうだったのか。わたしは初めて本音を聞けたような気がした。黒い霧が晴れていくような気がした。しかし、冷静に酔っ払いながら、普通に話し続ける。

「へえ、そうですか。しかしまあ、ちょっと聞いてくださいよ。ぼく今、親父と仲が悪くてですねえ。というのもうちの親父、肉商売がうまくいって金持ちになった途端に女つくって家を出てしまったんですよ。それでまあ母親は苦労のうちに去年亡くなるしと、そりゃあ大変だったんですけど、日本じゃたまにいるんですよ。そういう、うちの父親みたいな人。こっちでもそういう家とかってありますか」

おばさんはわたしの話を聞くと、とたんに顔をしかめた。

「なんか、ひどいお父さんだね、あんたとこのお父さんは。こっちはそんなの滅多にないねえ。いくらお金あっても白丁、白丁って言われるから、そんな、あんたのお父さんみたいに女にもてないんだよ」

「韓国はそのう、姦通罪がありますから」

と通訳が訝《いぶか》しげな顔でそっと注釈をつけてくれる。どうも通訳でさえ、ウエハラさんは完全に酔っ払っていると勘違いしているようだ。わたしは「ああ、なるほどね」と言った。

「一般の人は一緒になりたがらないからね、あんたのお父さんみたいな人はいないよ」

「そうですか。でも、日本も同じような問題がありますよ」

「ふうん。日本もどこも同じなんだねえ」

コトコトと牛骨スープが音をたてて煮えてきた。ぶつ切りにされた肝とセンマイの刺し身をつまむ。

日本の繊細な薄切り生肝を食べ慣れているので、ぶつ切りの生肝は生臭く胸につかえて飲み込みにくい。食感、味とも日本の方が上だが、センマイは韓国の方が旨いと思った。市場の食堂だけに物が新鮮なのだ。

食べ方は胡麻油に塩と、日本とまったく同じ。ただやたらと胡麻が多い。またはコチュジャンを溶かした独自の赤いタレで食べる。確か魚の刺し身にもこれと同じ物が出ていた。生のニンニクを齧《かじ》りながら食うと、アクセントがつく。わたしはこの食べ方が好きだった。

　すると、おばさんがニコニコと相好を崩して語り始めた。

「そう、一つおもしろい話があったよ。ちょっと前のことだけど、ここの市場の店の息子が結婚することになったんだよ。二人は大学で知り合ったんだけどね。だけど、実家はここ馬場で肉屋やってるなんて、まさか向こうの娘さんにも、その親にも言えないだろ。だから『家は事業してる』ということにして、嘘ついて付き合いをずっと続けていたんだよ。それで結婚なんだから、両方の親を会わせなきゃいけない。もう息子も仕方ないから、親に『適当に事業してるということにしといてくれ』と頼んでね。それで口裏合わせて、なんとかホテルのコーヒーショップで、両方の親が会うことになったのよ。その当日、息子とその父親が先に来てロビーで待ってたら、ちょうど顔見知りの同じ肉屋の店主と会ってね。父親はまずいなあと内心思ったけど、しょうがないから挨拶して話をしたんだって。そしたら向こうも今日、結婚相手の家と顔合わせだと言うから、あれお宅もかい、と双方で話してたんだよ。そこへ当の娘が『お父さん！』と来たもんだからみんなびっくり！」

「はあ」

「ようするにね、彼女の実家も肉商売だったのよ。父親同士は知り合いだったけど、彼女の実家の肉店は違う場所にあったから、子ども同士は知らなかったんだね。それでお互い、肉屋と言ったら交際が続かないと心配して『実家は事業してる』と嘘ついて、実家のことは内緒にして付き合ってたんだよ。それで両家が顔を合わしたら、親同士は同業の肉屋同士で顔見知りだったからびっくり！　それでまあ、なんだ隠す必要なかったんだなって、結婚できたというわけよ」

「へえ！　そんなことが本当にあるんですねえ！　それはどれくらい前ですか」

「二年前になるかなあ」

はははそれは面白いと、わたしは笑った。おばさんもあはははと笑った。

一般的な韓国の結婚式

　悲劇もここまでくれば喜劇になり得る。その典型だといえるかもしれない。はははと笑うしかないのだ。四本の眞露を費やして、わたしがおばさんから聞いた話は以上である。
　帰り道は、すでに薄暮となっていた。わたしはひどく酔ってしまい、途中でついに歩けなくなってしまい、這うようにして駅に向かった。
　白丁差別はあるのかないのか。多少あったとしても、もうなくなりつつあるのだろうか。作家の鄭棟柱氏から「差別は明確にある」と聞いてはいたが、また「白丁と結婚する馬鹿はいない」とも聞いてはいたが、それでももっと具体的な話を聞くまでは、どうなのかわからないと思っていた。それを、このような話を、こうしてはっきり聞いてしまうと、なんだかやり切れない思いがしてしょうがなかった。

この喜劇の下には、いったい幾十の悲劇的な屍《しかばね》が折り重なっているのだろう。今から一〇数年前、大田《テジョン》で結婚三日前に自殺したという白丁出身の女の、その白い顔が見えるようだった。そのことに思いを寄せると、わたしはとても憂鬱だった。

「おそらく白丁差別はまだある」そう日本にいるときから仮定としては思っていたが、それでも、わたしは、なくなっていてほしかったのである。せめて、絶滅寸前であってほしかった。韓国人に「日本は後れてますねえ」と言ってほしいものだと思っていた。わたしも笑いながら「そうだねえ」と悔しがりたかった。

世界各地にあるあらゆる差別を参考にしても、またあらゆる歴史から考えても、数百年続いた差別がそんな短期間になくなっているはずがない。そして物書きとしては「白丁差別はあった」とあたかも鬼の首を取ったかのように書けるのだろうが、それでもその白丁差別の不透明さからわたしは、かすかな望みをもっていたのだった。

具体的な白丁差別の事象を求めつつ、その実はうやむやでもいいからなくなっていてほしいと思っていたのだ。

わたしは冷静な取材を心がけていたので、不覚にも自分自身のそのような内面に気付いていなかった。その押し殺していた感情が、数本の焼酎に洗い流され、ぼろぼろと崩れ落ちてしまった。

そしてまた、このような話をソウルで聞くことになろうとは！　ソウルですらこのような事情なのだ。だとしたら、晋州や清州などの田舎では、水面下でどのような差別があるのだろうか。

みんな「ない」って言ってたじゃないか！　韓国中を聞き取りして歩いているのに、みんな「差別なんてない」「白丁なんて過去の遺物です」って言ってたじゃないか。あれはいったいなんだったんだ、畜生！　わたしは声を出して叫びたかった。

目から涙があふれた。

「ウエハラさん、大丈夫ですか」

心配する通訳に「ちょっと呑み過ぎてしまいました。少し休ませてください」と、つぶやくのが精一杯だった。

地下鉄の駅のベンチに辿り着くと、わたしは顔を手で覆って涙をボロボロとこぼした。そして、もうこんな取材は嫌だと、不覚にも心の中でそうつぶやいたのだった。

第五章
最後の白丁

ある殺人事件

朝鮮通信使の研究者でもあった故・辛基秀《シン・ギス》氏は、かつてこう語っていたという。

「自分が子どものころ、行儀の悪いことをすると、親から『白丁のような真似をするな』と厳しく叱られました。朝鮮人が四〇人ぐらい暮らしながら、一本の水道に便所も一つという貧しい集落で皆助け合いながら生活をしていても、その中で身内からさらに差別を受ける人たちがいて、これはおかしい、と幼心に感じたものです」

在日朝鮮人の間でも、このように語られてきた白丁。その実像は相変わらずぼんやりしていたものの、韓国各地の屠場や、ソウル馬場市場での聞き取りで、白丁差別が食肉

若き日の金永大氏

関係者の差別に転化されている事実を知ることができた。

特に田舎では白丁への差別意識が確実に残っており、両親の影響で食肉関係者との婚姻を忌避する若者も若干ながら存在することがわかった。

弾圧と内部分裂により解散に至った衡平運動。そして朝鮮戦争という動乱と、徹底した「寝た子を起こすな」で白丁問題を避けてきた韓国では、日本のような「被差別部落」という、被差別民だけが定住した集落が存在しなくなってしまっている。住んでいた白丁たちは、朝鮮戦争とその後の経済成長期に、雲散霧消してしまったのだ。

そうして白丁たちは鄭棟柱《チョン・ドンジュ》氏が言うように〝幽霊〟のような存在になってしまった。その後に残ったのは、白丁の名残がある職業に対する差別意識だけだ。これが白丁問題について考えることを困難にさせる要因でもある。

そういう意味でわたしは、そうした白丁という現代の〝幽霊〟たちを、ただ追っていただけだったのかもしれない。

しかし、そう自覚していてもわたしは、今も残っている白丁部落を訪ねてみたいと思っていた。そして、できれば白丁の子孫たちにも会いたいと思っていた。そのために韓国を訪れたといっても良い。

しかし、一般の韓国人たちが「白丁なんてもういない」と言っているのに、白丁たちが「ここにいる」と言うわけがなかった。現に韓国で唯一、自身の出自を公表した金永大《キム・ヨンデ》氏は、職場をはじめとする周囲の人たちから疎《うと》まれていたという。

韓国内で白丁の子孫であるということがタブーである現在、外国人のわたしが白丁の若者に会う一番容易かつ確実な手段は、金永大氏の子どもたちに会うことであった。会うことを拒否される可能性も高いが、とにかくもう一度、清州を訪ねてみようと思った。そして父のことをどう思っているのか、また現在の状況について、白丁の子孫であることについて、その思いを聞いてみたい。

また、白丁部落も訪ねてみたい。消滅しているのならその跡でも構わない。わたしは再び、金永大氏の臨終の地、清州に向かうことにした。

ソウルからバスで訪ねた清州は、久しぶりだったからか、新しい建物が多くなって明るくなっているように感じた。

以前、彼の職場の屠場からは、家族の住所はわからないと言われていた。そのため、バスターミナルからタクシーで直接、市役所に向かった。金永大氏の家族について訊ねてみようと思ったのだ。

しかし「プライバシーの問題があるので答えられない」と、受付嬢に窓口で言われてしまった。もっともなことなので、事情を説明して他に探す方法がないかと訊ねるが、受付嬢も首を傾げるばかりだ。通訳と相談してみるが、彼女も妙案が浮かばない。

仕方ないのでもう一度、金永大氏が最後に働いていた、あの小さな屠場に出かけてみることにした。最初に訪れたときも「遺族の現在の住所はわからない」と言われたが、違う人なら知っているかもしれない。現場百遍というではないかと、自分に言い聞かせた。

　久しぶりの再訪だった清州のその小さな屠場は、何も変わっていなかった。最初に訪ねたときから、もう三年という時間が経っていた。気持ちばかりが焦るが、しかしこればかりは手掛かりがないと話にならない。

　二階にある事務所に出向いて用件を話し、事情を説明した。怪訝な顔の女性事務員は、奥にいる上司らしい人と話して戻ってきた。上司は知っているのではないか。わたしは微かな望みに賭けた。

　しかしやはり「こちらではわからない」と言われてしまった。電話も、住所も何もかもわからないのだという。

　しかし、三年前に働いていた幹部の遺族の連絡先がわからないなんてことがあるのだろうか。最初に訪ねたときのこの疑問がどうしても晴れずにいたので、その旨を通訳に訊いてもらったが、経営者が代わったのでわからないのだと一方的に拒絶されてしまった。対応に非常に冷たいものを感じたので、わたしたちは早々に出て行かざるを得なかった。前回と同じ状況だ。

　がっかりしたわたしは、これからどうするかと、通訳と相談しながら屠場を出ようとしていた。

　そのとき、正門にいた従業員の一人が、わたしたちの様子を見て近づいてきた。

　彼は笑顔で「日本人が何の用事で来たの？」と話しかけてきた。簡単に訳を話すと

「俺が金永大氏の遺族の家を知っている」と言うではないか。

そうか、事務所にいる経営者はみんな代わってしまったけど、従業員はそのままなのだ。職人を一斉に代えるなんてことはできないから、彼らは当時の専務職だった金永大氏をよく知っていたのだ。

それにしても、昔からいる従業員に訊けばいいだけなのに、なぜ事務所の人は「知らない」と素っ気なかったのだろう。金永大氏が職場で疎んじられていたという話と、何らかの関連があるのかもしれない。

彼は「まだここに住んでいればの話だけど」と、地図と住所を簡単に書いた紙をくれた。現在はここの工場長で、生前の金永大氏には大変お世話になったのだという。

わたしは工場長に礼を言って、屠場を後にした。

その工場長の話では、金永大氏は生前から夫人と共に食堂を経営していたのだという。今もその食堂があるのかどうかわからないのだが、とにかくその食堂に行ってみるしかない。

タクシーの運転手に訊ねると、食堂の場所はすぐにわかった。着いてみると非常に小さな店で、いわゆるモーテル街の一角にあった。場末、という表現がぴったりくる寂れた場所だ。どうも金氏の不遇とこうした寂しい風景が重なってしまう。

中に入ると、もう昼食時を過ぎていたこともあって、店内はがらんとしていた。通訳が「すいません」と韓国語で呼びかけると、奥から中年の女性が出てきた。

「失礼ですが、ここは金永大先生のご自宅でしょうか」

「ええ。わたしが妻ですけど」

それを聞いたわたしは、嬉しさのあまり事情を話すのももどかしく、日本から来た旨だけを手短に説明した。「まあまあ、それは遠いところから」と夫人はイスを勧めてくれた。

夫人の名は余ウンヨクさん。一九五二年生まれで全羅道の出身。この食堂は金永大氏の生前から、屠場を引退したときのために始めたものだという。

「金永大氏にはぜひお会いしたいと思っていたのですが、事故で亡くなられたと聞いて大変残念でした」

「ええ、まだこれからというときに亡くなったので、わたしたち家族も一年くらいは毎日泣いて過ごしていました……」

そこまで話したところで、通訳と夫人は何か二人で話し込みはじめた。夫人の態度が落ち着きなく、どこかおかしいので、わたしは不安になって「どうかしたの」と通訳に尋ねた。

するると通訳は深刻な顔で「奥さん、話しにくそうなんですけど、金永大さんは事故で亡くなったのではなくて、殺されたようです」と言う。

わたしは絶句した。

「事故じゃなくて、本当は、内臓の入札を巡ってトラブルに巻き込まれて、殺されたそうです」

なぜそのような大変な事実が、韓国内でも知られていなかったのかと驚いたが、夫人の話によると、あまりにも悲惨なことだったので、身内以外には事故として話しているのだという。

わたしはここで、屠場での冷たい対応が納得いくような気がした。それと同時に奇妙なことだが、このように酷い事実について周囲に話さず秘密にするのが韓国のスタイルだとしたら、白丁について隠すこともまた当然なのだと理解できたのだった。

後日、事件の詳しい状況を知るために、地元の新聞社に当たって当時の記事を調べてみた。記事は二つあったが、第二報に詳しく掲載されていた。

一九九九年　三・三（『忠清日報』）

「畜産業界幹部殺害犯逮捕・牛の内臓納品権拒否に怨恨・三人緊急逮捕」

さる二六日、清州市で発生した六〇代畜産協会幹部殺人事件を調べていた清州東区警察署は金氏（三二歳、無職）と鄭氏（三二歳、無職）、チョウ氏（二五歳、無職）を逮捕し、犯行一切を自白させ、殺人嫌疑により緊急逮捕した。

警察によると、彼らは先月二六日朝六時頃、清州市・金永大氏の自宅前で出勤途中の金氏を鉄パイプなどで殴って死亡させた疑い。

警察の調査の結果、彼らは清州市内で畜産物の配達をしながら知り合った仲で、金氏が商務として働いていたP屠畜場の内臓一切を工場などに納品してもらうため、金氏に内臓の納品権を自分たちに移してもらうよう要求した。しかし金氏がこれを拒否したために恨みをもち、事前に金氏の自宅周りを調べた上、犯行当日その周辺の街灯を壊しておくなど詳しい計画をたてた後、犯行に及んだことなどが明らかになった。

警察は彼ら以外にも犯行を命令した人物がいるかについて調べを拡大している。

一方、容疑者金氏とチョウ氏は、チョウォン郡ネスと大田の旅館に隠れているところを警察に捕まり、もう一人の鄭氏は父親の勧めで自首した。チョウ氏は死亡した金氏を直接殴ったりはしなかったとして容疑を認めていない。（一部略）」

また関連記事として「農水・畜産協会の汚職に検察庁の調査」という記事も紹介されている。韓国では畜産関係事業における汚職と腐敗が社会問題化しており、金永大氏は臓物、つまりホルモンの納品権譲渡をめぐる賄賂などを拒否した結果、恨まれて殺されたというのだ。

「非常に潔癖な人だった」という評判どおりの言動が裏目に出たのだろうか。なんとも悲壮な最期である。

衡平運動の研究家であったということは、記事中にはまったく見られない。このことも、韓国内での金永大氏の評価の低さを物語っている。

夫人は重い口を開いた。

「亡くなってから二年くらいは、本当に外を歩くのも怖かったです。今はもう平気になりましたが、思い出すと今でも涙が出てきます。これから畜産の仕事を辞めて、食堂を一緒にやっていこうと思っていた矢先でした。あまりにも惨《むご》いことなので、韓国内でもこのことは、ほとんどの人に事故として話しています」

あまりに沈痛な事実から、わたしも言葉少なにならざるを得なかった。「金永大氏はこれからも、韓国の人権史に残る人物でしょう」と故人の業績を称えることしか言えなかった。

「そうですか……。屠場の仕事がうまくいかないのか、いつも機嫌が悪かったので著述業に専念したらどうかと何度も勧めました。なぜ機嫌が悪いのかと訊いても怒って教えてくれなかったのですが、ああいう活動をしていたからか、職場での雰囲気がよくなかったようでした」

白丁だと自らの出自を公表した金永大氏に周囲の風当たりは強かったと聞いていたが、やはりそれは事実だった。

「社内の事情など、仕事のことは一切何もわたしに教えてくれませんでした。でも帰ってくるたびに機嫌が悪いので、もう辞めたらと何度も言ったのですが。亡くなってから遺品を整理していたら辞表が出てきたので、苦労していたんだとわかりました。一緒に食堂を経営したかったのに……。多分、娘がまだ大学生だったので辞められなかったのだと思います。主人が白丁出身だと公表したとき、わたしも良くは思いませんでした。

それでずいぶん喧嘩もしたし、もう別れようと思ったこともありました。一年くらい、別居していた時期もあります。でも、しばらくして理解できるようになりました。一緒に住んでいると、そういうことは大きな問題ではなくなってきました。頭の良い人だったので、そのことについてよく勉強もしていましたし、酒も呑まない真面目な人でした」

やはり白丁出身と公表したことは、家族の間でも問題になっていたのだ。白丁差別がまだ深刻だということであろう。金永大氏はそうした意味で、奇跡的な人物でもあると思った。

金永大氏との出会いについて訊ねた。

「結婚したきっかけは、わたしが夫の実家のある鳥致院《チョジウォン》の美容院で働いていたので、そこで出会ったのです。若い頃はとてもハンサムで勉強もよくできて、海兵隊出身だったのでとても格好良かったです。女の人にもてた方だと思います。出会って一年くらいで結婚しました」

海兵隊は韓国軍の中でもっとも厳しいので、海兵隊出身者はとても尊敬され、女性にも人気がある。しかし夫人は白丁出身ではないということなので、両親の反対はなかったのだろうかと訊いた。

「ありました。でもわたしが好きだったので、結婚したのです。親とは、縁が切れてもいいと思いました。それで夫とわたしの両親はずっと仲が悪かったのですが、結婚して二年くらいしてからようやく許してもらえ、わたしの両親も夫と会ってくれました。
夫は四人兄弟で、次男以外はそれぞれ大学を出ていますが、みんな肉屋をやっていま
す。夫の祖父の代でかなり財産があったようなんですが、亡くなってから傾いてしまい、
それで義父の代でまた持ち直したのですが、夫がそうしてソウルやいろんなところに店
を出したので、結局お金にはいつも困っていました。だから肉屋になるのは、もう夫の
代でやめようとわたしは思いました」

金永大氏は学者肌で、事業には向いていなかったのだろう。新規に店を開いては次々
に潰していたという。清州に戻ったのちには事業からも撤退し、地元の屠場に就職した
のだという。

「確かに、事業向けの人ではなかったです。家ではいつも何か書いていましたし。すご
く短気で怖い人だった。でも、子どもにはやさしかったです。仕事にはとても真面目で
した。真面目すぎて殺されたんだと周囲の人からも後で言われました。経済状態も、事
件の頃は良くなっていたのに。山登りが好きで、日曜はよく二人で出かけました。いつ
もは清州の周辺なのですが、遠くに出かけることもありました。お酒も呑まず、反対に
甘いものが好きでした。缶詰のパイナップルとかお菓子とか。病気らしい病気もしたこ
とない、丈夫な人だったのに。町でも健康で有名な人でした。衡平社の本を書いた後、
日本や晋州で講演したのですけど、それを見たときは誇らしかったです。苦労しただけ
に嬉しかった。タイと香港にも旅行に行ったのですが、わたしが行きたくないと言うと、

行くのを止めるやさしい人でした。ただ頑固で生真面目な人だったので、家の外では孤独な人だったと思います」

　このように他の話題では積極的に話してくれるのだが、白丁差別の話題になると、夫人は触れたくないようであった。かなり控え目に話していたが、白丁出身を公表したことが原因で、何度か離婚の危機にも陥っていたようである。

　例えば、夫人は何度も「結婚する頃には、白丁差別はなくなってきていた」と言うので、「では結婚のときに、金氏が白丁出身ということで反対されませんでしたか」とわたしが訊くと、「猛烈に反対されました」と話す。

　さらに「昔はありましたが、もう今は白丁差別なんてありませんから」と話すので、「金永大氏が白丁出身と公表したことで、例えば息子さんや娘さんの結婚について、心配になりませんか」と訊ねると「ええ、とっても心配です」と、不安な顔をする。

「しかしさっき、二人が出会った六〇年代には、もう白丁差別はなくなりつつあったとお聞きしましたが」

　そう最後に訊くと「ええ、そうなんですけど……」と、彼女はもじもじするのだった。

　何だか気の毒になってきて、わたしはそれ以上、夫人から白丁について訊くのをやめてしまったのだった。

白丁の子孫たちに会う

夫人にお願いして、金永大氏の二人の子どもたちに話を訊くことにした。初めは拒否されるだろうなと思っていたのだが、意外にも気さくに応じてくれたので、かえって驚いたくらいである。

どうも韓国は徹底的に隠すかと思ったら、こうしたアッケラカンとしたところもあるので、戸惑うことが多い。

息子と娘がいるというので、まずは娘さんに会うため、彼女の職場に直接行くことにした。

彼女は自動車の部品メーカーに勤めていた。仕事は事務職。中国文化専門学校に在籍していたので中国語関係の職につきたかったのだが、二年在学中に金氏が事件で亡くなったために学業を断念。現在の職に就いた。

一九七九年、清州市出身。写真で見る金永大氏の顔とあまりに似ているので驚いた。そのことを言うと「幼い頃からそっくりだと周りからも言われてました」と笑った。気配りを忘れない、笑顔の絶えない優しい女性だ。どんな父でしたかと訊ねた。

「わたしは、父がすごく年をとってからの子だから、とても可愛がられました。山とかプールによく連れて行ってくれました。母よりも父の方がよく遊んでくれたくらいです。週末はいつも遊んでくれました。兄と三人でよく山登りにも行ったし。周囲は無口だったと言いますが、わたしにとっては人情深くてやさしい父でした。服もジーパンをはいて若者っぽくしていたし、肉屋をやっていたことについても、恥ずかしい仕事ではないとよく言ってました。わたしは高校生の頃は実家が肉屋というのが恥ずかしいと思っていたのですが、学校でいろいろ本を読んで、そうではないと思うようになりました。肉屋でしたけども、父は家ではずっと何かを書いていました。わたしも資料整理とか手伝っていました。幼い頃から、父が文筆活動しているのには慣れていました。わたしは中学までは白丁とか知らなかったのですが、高校で白丁のことを知ってからは恥ずかしくて隠していた時期もありました。でも父の本を読んだこともあって、その後はどこに行っても隠さず話せるようになりました。わたし、父の影響かどうかわからないんですけど、貧しい人や汚い人を見ても、差別したりとかそう思わなくなりました」

金永大氏と家族

恋人について訊くと「はい、います」と、はにかみながら答えてくれた。わたしは、まだ先かもしれませんが、結婚のことなど心配にはなりませんかと訊ねた。

「相手から訊かれないのに自分から言いませんが、訊かれたら堂々と言おうと思っています。もし彼と結婚ということになれば、話すつもりです。

やっぱり抵抗がないといえば嘘になりますけど、父のことを尊敬していますから。出身のことや父の仕事については、話せると思います。最近になって特に、韓国社会の意識や価値観が変わってきたのをはっきりと感じますし。どちらかというとそのことよりも、父の事件（殺されたこと）について堂々と話すのには、正直いって抵抗があります。でも、結婚相手の両親の反対についての不安はないです」

このとき通訳が「ちょっと上原さん、いいですか」と言う。どうしたのと聞くと、「お父さんが白丁だと公表したときの心境のことなんですけど、ニュアンスとしてはかなり嫌だったみたいです」

「答えとしてはそうでもなかったみたいだけど。お父さんを尊敬していると……」

「はい。でも表現が難しいのですが、公表したことについてはとても嫌だったみたいです。尊敬しているけどちょっと、という言い方でしたので、通訳しにくかったのです」

「そうですか」と、わたしは呟いた。

話題を変えて、プライベートなことを訊ねた。

「毎週末、遊びに連れて行ってくれましたよ。あと、タンスユ（酢豚）が得意料理でよく作ってくれました。父のタンスユはとてもおいしいんですよ。嫌な思い出はほとんどないです。ただ父はとても髪が白かったので、それが嫌だったくらいですね。あんまり老人っぽかったので『おじいちゃんみたい』と言ったら、黒く染めてきてくれたけど、あんまり似合ってなかったのでそれ以来、言うのをやめてしまいました。父にはユーモアがなかったけど、わたしにとって父の存在はとても大きかったです」

それから次に、お兄さんに会った。一九七七年生まれ。妹さんとは反対で、顔はお母さんによく似ている。痩せて背が高いこともあり、俳優のマット・ディロンに似ている。

携帯電話の委託販売の店を経営しているが、仕事の話になると「とても景気が悪い」と苦い顔をした。

「他の所で露天から始めたけど、市から注意されたこともあって、一年前にこの店を開きました。父との思い出はいいことばかりで、母よりもぼくら兄妹をよく遊びに連れて行ってくれました。ナムルを山で採ってきて、それを食堂に出したり、山とかドライブに行ってレストランで食事したり。本当に毎週出かけていました。特に旅行が好きで、いろいろ回るのに母がついていけなかったくらいですよ。死んだのを知ったのは、徴兵で軍に入って一〇カ月くらい経ったときでした。死ぬ一週間前に電話があり、会う約束をしていたばかりだったから、本当にびっくりしました。昼過ぎに連絡があって、最初は容態が悪いと聞いて駆けつけたのですが、帰宅してから殺されたと聞きました。亡くなったと聞いても信じられなかったけど、葬式に出て写真を見たとき、初めて涙が出てとまらなかったです。あんな事件がなかったら、すごく丈夫だったからあと二〇年は生きたと思います。

この仕事を選んだのは、食肉業が嫌だったというわけではないんです。いろいろ職業を転々としましたが、この仕事が一番始めやすかったのです。学校は農業高校の畜産科を出ているので、最初は屠場で働いていました。そこでは牛の内臓をハム工場に持っていく仕事をしていました。でも経験として二、三カ月仕事しただけです。父の跡を継ごうとは思わなかった。わたしは勉強が苦手で、いわゆる不良だったから。でも叩かれたことは一度しかありません。高校生のとき、夜更けに帰ってきたときです。夜九時には寝る父が、そのときは三時まで起きていて、頰をぶたれました。わたしが毎晩遅いことを、実は知っていたみたいです。それである晩、殴られた。わたしについては母の方が大変で、よく学校に呼び出されていました。勉強について父は何もうるさく言わなかったです。母の方がうるさかったかな。父は『好きじゃないなら、(勉強は)しなくていい』とよく言ってました。わたしも父と同じくお酒がまったく呑めないので商売では苦労してますが、今思えば父もそうだったのかなと思います」

食肉業に就かない理由をさらに訊いてみたのだが、白丁のイメージがあるからではないと彼は言い切った。

「深い理由はないんです。父も好きにすればいいという風でしたし。中学と高校で授業中に親の仕事を書くことがあるのですが、親が清掃とか、そんな〝下の仕事〟をしている友だちは嘘を書いたりしてましたけど、わたしは堂々と書いてました。反対に、父は出世してたから畜産業界では有名だったけど、べつにわたしは自慢することもしなかったし。父の名前でなにかしようと思わなかったということです。父が白丁出身だと公表したことについても、わたしはどうも思わなかったです。反対もしなかったし。昔なら嫌になって（父から）逃げたかもしれないけど、今は恥ずかしいこととは思わないです。父の講演会にも、幼い頃よくついて行ってましたからね。あなたの言うとおり、父が白丁出身ということでしたら、わたしも白丁出身となるわけですが、それを知ったときも、べつにショックとか、そういうことはなかったです。仕事についても嫌じゃなかったし。幼い頃は白丁という言葉も知らなかったし、教えてもらっていませんでした。わたしは本が苦手なので、父の本もほとんど読んだことないし。それに、手で殺したりしたら白丁だけど、今はそうじゃないから白丁なんかいないと思ってます」

この点は、どういう意味だろうかと疑問に思った。しかし後日、違う場所で同じような意味のことを聞く機会があった。

どうも韓国では、白丁というのは自分の手で牛を屠畜する野蛮人であるというイメージがあるらしい。しかし「現在では機械化が進んでいるので、食肉業者は白丁ではない」という理屈のようである。李氏朝鮮時代の遺物だという認識が、このような説明になるようだ。

また父の書いた本も読んだことがないというから、白丁というのがどういうものなのか、知識としてよくわかっていないようでもある。

そのためだろうか、お父さんが本を書いたり白丁出身であることを公表したために、職場でも立場が悪くなったことについて訊くと、初耳だと彼の方が驚いたくらいだ。

「本を書いたから職場で立場が悪くなったなんて、全然知りませんでした。本当ですか？　父のことを悪く言ってた奴がいたとしたら、わたしがぶん殴ってやります」

金永大氏はことさら子どもたちにも、白丁について何も教えていなかったのだ。そして出自を公表したことによる、周囲からの冷たい待遇についても、家族を心配させないようにと、その一切を話すことはなかった。

金永大氏のそんな孤高を思うと、最期が最期だけに、やりきれない思いがした。

「恋人は今はいないですが、結婚についてはまったく心配してないです。反対するような家とは結婚しなければいいんですから。父の仕事についても、昔から訊かれたら話してました。そうした姿勢は父から何か言われたのではなくて、多分、父の姿勢から学んだのだと思います。昔は昔で、父の代までは苦労もあったんだろうけど、今はそんなこと、白丁差別とか言う人もいないから、わたしはケンチャナヨ（平気）ですよ」

話を聞いている間、客は一人も来なかった。本当に不景気のようだ。

息子は、自身が白丁出身であるということについて非常に自然体で考えているということがよくわかった。

しかし同時に、白丁というものについての誤解もあるようだ。中でも「手で殺したら白丁」という発言はその象徴だが、一つには無知ということ、そして自分が白丁出身というのをまったく意識していないのだ。これは金永大氏が、白丁については子どもたちにまったく教えてこなかったからだ。

また、白丁出身であるということについて、この息子さんが全く意識していないと感じた理由がもう一つある。

それはこのインタビューを、実名で公表してもよいと彼が話したからだ。これは妹さん、夫人も同様であった。これは日本の実情を顧みると、隔世の感がある。

わたしは考えた末にすべて仮名にしたのだが、それにしても、いわゆる「寝た子を起こすな」の歴史をもつ韓国の白丁出身者が、なぜここまで堂々としているのだろうか。

このように出自を公表することに関して彼らが頓着しない要因には、さまざまなことが考えられる。

まず、韓国人特有のおおらかさもあるだろう。そして、金永大氏を父にもったこと。また前述したように、差別に対して無知であること。それとも関連してくるが、自分たちを白丁出身だと全く意識していないことも要因の一つだ。ただ白丁出身者自身の「無知」ということでいえば、日本の被差別部落の若者の中でも、どれだけの人が被差別部落のことを知っているのかを考えれば、同じようなものだといえる。

ただ、いわゆる人権教育でいえば、これは複数の韓国人研究者も認めていることだが、韓国は確実に後れている。だからそのことも要因だろうと思う。自分の人権や周囲の反応について、あまり意識していないのだ。

当初、こうして金永大氏の家族とお会いするのは非常にプライバシーの侵害になるのではないかとわたしは危惧していたのだが、そういう意味では大らかだったので安堵した。

こうしてようやく白丁出身の若者と話すことができたわけだが、本人たちが意外にアッケラカンとしているのには、本当に拍子抜けした。人権教育を受けてもいないし、白丁についてほとんど知らないということが、逆に強さになり、韓国伝統のケンチャナヨ（平気だよ）精神の方向にいったのかもしれない。

しかしその反対に夫人は、とにかく白丁についての具体的な事柄について話したがらなかった。これは中年以上の人について、一般的な傾向だといえる。

「普段は全く差別がないように見えるが、何かきっかけがあれば差別は爆発する」

作家・鄭棟柱氏の、そんな指摘を裏付けるものかもしれない。

つまり普段は無意識なのだが、何かのきっかけで白丁差別が表面化したときのことを心配しているので、具体的な話をしたがらないのだ。まだ白丁が白丁として存在した頃を生きてきた夫人だからこその、用心深さなのかもしれない。

その後、わたしはさらに金永大氏の兄弟に会うべく、ソウルに向かった。連絡をとると、金氏の兄は病床にあるため、その妻が会ってくれることになった。

待ち合わせは東大門市場の入り口。金氏の兄弟は皆、食肉関係の仕事に就いている。そのことは夫人から聞いて知っていた。その一人が、ここ東大門市場で肉屋を開いているのだ。

しかし一時間待っても、その妻はとうとう来なかった。電話で連絡を取ると、「行ったけどあなたたちがいなかったので帰ってきた。忙しいのでもう二度と掛けてこないで欲しい」と、ひどく冷たく言われた。

通訳は「わたしたちはずっと待ってましたから、会えないはずはないのです。どうしてこんな嘘を言うのでしょう」と憤慨していたが、金永大氏のことについて訊ねたい旨を連絡していたので、恐らく心変わりしたのだろう。

よく考えれば、白丁だと公表するということは、当の金永大夫人でさえ一時は離婚を考えたと言うほど大きな事件だ。身内からの反発も当然あったと考えて良い。

それにしても、本人が亡くなった今もなお、その身内は市場で食肉店を経営しながらひっそりと暮らしているという事実に、わたしは何か暗澹たる思いがした。確かに見えにくくはなっているが、やはり差別は決して死んでいないのだ。現に金永大氏の遺族たちは今もこうして、ひっそりと暮らしているではないか。

後日、清州北部の墓地に眠る金永大氏を訪ねた。さんざん墓地の中を探し回ったあげく、ようやく「永大」の文字を見つけた。墓碑には「金海金公永大之墓」とあった。最初の「金海」とは釜山・金海空港がある所で、先祖がそこの出身という意味だ。しかし白丁には族譜がなかったはずだから、これは後でつけたものだろう。

墓地に来て初めて、わたしは不覚にも、自分が何も供えるものを持ってきていなかったことに気付いた。わたしには墓参りの習慣がないので、すっかり忘れてしまっていたのだ。仕方なく、手持ち無沙汰にただ墓の前で突っ立っていた。

そういえば死んだわたしの母も、墓が欲しいと言って死んだのだ。

一般地区から被差別部落に嫁いだ人だったが、晩年は病気がちで悲惨な死に方だった。元気なときは墓なんか要らないと言っていた気丈な人だったが、死ぬ間際に「やっぱり墓が欲しい」と言って死んでいった。独りで逝くのが寂しかったのだろう。

そんなわたしはまだ、母の墓も建てられず、異国をうろつきまわっている。こんもりと枯れ草の茂った金氏の土饅頭に触れると、ちくちくと枯れ草が手のひらに痛かった。

白丁村を歩く

韓国では、白丁が集団で住んでいた場所を「白丁村《ペクチョン・マウル》」と呼んでいた。

その白丁村は今もまだあるのか、ないのか。

「寝た子を起こすな」で戦後を生きてきた白丁たちが、今も部落を形成しているのかどうか。今まで話を聞いた研究者たちは「もうない」と話す人が大半だったが、「もしかしたら」と話す人も若干ながらいた。

「もう白丁部落なんかない」という圧倒的多数の意見を聞いたとき、いつもわたしには一つの疑問が湧いてくるのだった。人は、そんな簡単に自分の生まれ育った地を離れることができるだろうか？　特に出身地域を大事にする韓国ではなおさらである。

そんな自問自答の中でわたしは、あるのかないのか、もしないのならなぜ消滅したのか、その答えを見つけないまま終わることはできないという思いに至った。手元にある小さな手がかりだけを元にして、そのためにまた韓国中を歩いて回った。

しかし同時に、これまでの経験上、証言を聞く困難さに尻込みする思いであった。一八カ所もの白丁村を歩いたというある研究者は、その困難さをこう書いている。

「白丁たちは彼らの内部のさまざまなありよう、あるいは習俗といったものが外部に洩れることをひどく嫌う。そのため、外部の人たちがそれらについて調査したり、探りだしたりすることはたいへんな困難がともなう。仮りに幸運にも、訪ねて行った当人にめぐり会うことができたにしても、まず自分が訪ねられた当人とは別人だとしらを切る。いないかと思えば、それが当人だとこちらは知っているにもかかわらず、本人は外出していないなどと堂々と居留守を使ったりする。またちょっとしたことでも根掘り葉掘り聞こうものならたちまち、そんなことを知ってどうするといきりたつ。ときにはこちらが悪意をもって書くのではないかと疑い、あからさまに脅しをかけてくることもある。そんな彼らを説き伏せて話を聞かせてもらうまでに、どれほど冷や汗をかいたことだろう」

この話はとくに誇張しているわけでもないようだ。現に作家・鄭棟柱氏は小説に書いた内容について執拗な脅迫を受け、名誉毀損の訴訟まで起されている。訴えた人が白丁出身かどうか定かではないが、これらの事実はいかに白丁のからんだ問題がデリケートなのかを物語っているといえよう。

しかし、わたしはそれでも、彼らの迫害の跡を訪ねなければならないと思った。

個人的に消え行く白丁村を最後に見ておきたいという思いもあるが、白丁差別はあるのかないのか、その現状についての確認という具体的な目的がある。そして「どうすれば差別というものは解消されるのか」という大きな命題について考察するためにも、どうしても必要なことであった。

このような大きなテーマについて考察するために、白丁村を歩くということは一見、野次馬的で小さな作業のようではある。実際、わたしも実はそうではないだろうかという自責の念に苛まれることもしばしばあったが、やはり机上の論理だけでなく、こうした体験を踏まえた上での考察は重要であると考えるに至った。

しかし、それにしても、どこから手をつけていいのか正直迷った。当てもなく、ただ南部の田舎町をぶらぶらと歩いただけで終わった日もあった。

しかしその後、偶然にも白丁とわかる戸籍のコピーを手に入れることができた。その戸籍は四枚あり、いわゆる日帝時代に作られたものなので、日本人にも容易に読める。

冒頭に本籍地の記載があり、その欄の端に職業が書いてある。それぞれ「屠獣業」「牛肉販売商」「牛肉業」「鞋業」とその職業が記載されていた。一目で白丁とわかるように朱色で書かれてあったとも聞いているのだが、わたしが目にしたものは黒字であった。ただこの表記を見て、白丁とわかるように書かれていたことが事実だとわかった。また係官によって、各地方・個々人によって、表現は若干違っていたこともわかった。

わたしはその中で、「屠獣業」と記された男性A氏の本籍を訪ねてみることにした。しかし、何しろ六〇年以上前の住所である。果たしてその番地がまだ残っているかどうかも怪しい。しかしワラにもすがる気持ちだったわたしは、記載されているS市に向かったのだった。

まず市庁舎に出向いて当時と現在の地名の違いを確認したあと、タクシーでそこへ向かった。あとは番地を確認したらいいだけなのだが、通訳と手分けして探しても、かなり困難な作業であった。

二時間ほどかけて近い番地を発見したわたしたちは、さらに周囲の家に訊ねてみた。ここに六〇年以上住んでいるという老人にも訊ねてみたが、残念なことに、Aなどという男は知らないと言う。

「近くに肉屋をやっていた人はいたけど、Aという名ではなかったなあ。この辺には屠場もないし、白丁村なんて聞いたことがない」

これにはガッカリしたが、ないものは仕方ない。それから大勢の人たちが出てきていろいろ周辺の人たちに訊いてみてくれたが、誰もこの「屠獣業A」さんを知らなかった。

通訳の話によってもわかったが、韓国では引っ越しがとても多いので、数十年前から同じ所に住んでいるなどという人はほとんどいない。特に日本のように行政側が同和地区指定などしているはずもないから、離散と流入を繰り返して、自然消滅したということのようだ。

わたしは早い段階からこうした話を聞いていたのだが、しかし、どうしても納得できなかったのだ。人はそんな簡単に生活していた土地を出て行くことができるのだろうかという、当初からの疑問があったからだ。個々人にはそれなりに事情があるのだろうが、集団で離散してしまうというのは、どうも現実的でないような気がしたのである。

それに日本では職を継ぐということは当たり前のように行われていて、そのために後継者問題なども起こっているほどだ。だから白丁出身者の食肉業離れも、今ひとつ納得できなかったのだ。

しかし韓国ではそうしたことにあまり執着しない、つまり食肉業が差別されるのなら、その仕事を継がせないという「避ける文化」、言い換えれば徹底した「現実路線」をとるということがわかってきた。

確かに「食肉の仕事は夫の時代で終わりにしたい」と話す金永大夫人の話からも、それがよくわかる。長男が畜産科を出ているにもかかわらず、実入りの少ない携帯電話販売業をしている理由も、本人は意識していないというが、そうしたお母さんの意向が多少なりとも反映されていると考えて良いだろう。

ということは、引っ越しすることについても同じように抵抗がないのではないか。白丁村に住んでいて差別されるのであれば、引っ越してしまえばいい。そんな単純明快な論理。

　実際わたしが話を聞いた人たちは、日本の被差別部落について「そこに住んでいて差別されるのなら、引っ越せばいいのに」とほぼ全員、口をそろえて言っていた。多くの白丁は、現にそれを実行したのかもしれない。

　これに関連して、先に紹介した白丁村を実際に歩いたという研究者もこう書いている。

「わたしはほぼ一年あまり国内を駆けめぐりながら一八カ所で、そこに群れて暮らす白丁たちとの対話を繰り返してきた。それから一〇年ほどして、こんどは別の用件でかつて訪ねてまわった数カ所の部落に立ち寄ってみた。すると驚いたことに、かつて訪れたころの面影は跡かたもなく消えうせていた」

　彼がまわったのは一九五八年ころである。それから再訪したのはだいたい一九六〇年代末から七〇年代初頭のようだが、たった一〇年間でこうした状況なのである。さらに地方から都市部への流入が始まる高度経済成長が始まるのは、まだこの後のことである。

　このように他に白丁村を歩いた人の記録と、こうしてわからなくなっている様子を実際に見ていると、それも納得がいくような気がする。ほぼすべての人の証言どおり、かなりの移動があったことは確かなようだ。

　またさらに話を聞いていくと、「屠獣業Ａ」さんが住んでいたこの辺りは、どうも白丁村ではなかったようである。普通の民家だった可能性が高いようだ。古くから住む老人が白丁村の存在をはっきり否定していることからも、それは確認できる。

たしかに、すべての白丁が白丁村に住んでいたのではない。個別に肉屋を営んでいた人もいたということなのだろう。わたしは住民たちのとても親切な態度などから、そう考えたのである。

それにしても、こんなことを一つ一つしていて、本当に白丁村に辿りつけるのだろうか。わたしはこの異国の地で、地面を見ながら帰りのバス・ターミナルまで歩いたのだった。

衡平社本部跡

衡平社は晋州で誕生したが、後に本部はソウルに置かれた。一度移転しているのだが、いまそこはどうなっているのか訪ねてみることにした。

もともとあった場所や移転先はかなり至近にあったので探すのに苦労はしなかった。最初に本部が置かれていたのは、日本人観光客にもなじみ深い、仁寺洞の近くであった。ここは茶器などの韓国伝統工芸品の店が軒を連ねている。

メインストリートから奥に入ると、入り組んだ路地街であった。古い家があったので、この周辺のことを聞いてみようと門を叩いたが、留守のようだ。

「家は古くても、住んでいる人はたいてい新しい人ですから、何も聞けないと思いますよ」と通訳。確かに、韓国は通訳の指摘するように引っ越しなどの移動がとても多い。

結局、当時の住所を辿りながら行き着いた場所は、モーテルの駐車場だった。

モーテルの人に確認すると、住所などからここが八〇年前、衡平社本部跡であるようだった。当然だが、まったく跡形もない。

この辺りに昔から住んでいるという人を訪ねて話を聞いた。

「この辺りは昔から、近くの宮殿に仕えていた人たちが住んでいたところだよ。そう身分は高いわけではなかったけど、ここにそんな運動組織の本部があったなんて知らないねえ、本当かね？　白丁はここには住めなかったと思うけどねえ」

白丁村とはまた違ったのだろうか。

「衡平社のメンバーには両班《ヤンバン》も少なくなかったといいますから、この地区に住む裕福な社員が、本部として貸していたのかもしれないですね」

そう通訳が推測してみたが、衡平社の前身ともいうべき白丁の互助組織・承洞都家《スンドンドガ》の本部も仁寺洞にあったから（承洞とは現在の仁寺洞のこと）、やはり宮廷に肉などを供給する白丁たちが住んでいた地域だったのではないだろうか。しかしそれも、今となってはよくわからない。

わかったことはただ、晋州に一部残っている以外、衡平社関係の史跡はほとんど残っていないのだということだけだ。

鳥致院の白丁村

清州の西にあり、両班の里としても知られる鳥致院。ここは金永大氏の故郷にあたるため、ほぼ確実に白丁村があったといえる場所である。そこを訪ねてみることにした。番地などを確認してみると、昔と同じ名称だったので探す手間が省けた。規模が小さいこともあり、すぐにその周辺を特定することができた。

周囲は小さな家々が密集した住宅地だ。通訳に確認すると、韓国でもかなり貧しい地域だと言う。確かに屋根や壁の崩れた家が多い。

近所の人に話を聞いてみたのだが、前のS市とは逆に、徹底して取材拒否だ。話してくれた人も、世間話には乗ってくるのだが、いざ核心部分に触れると「わからない」を連発する。訊かれたくないという姿勢を露骨に出してくる。

挙句には「出て行け！」と一軒の家のおじいさんに怒鳴られ、通訳の女性も怯えてしまったので、仕方なく聞き込みを断念した。

確認が難しいのは最初からわかってはいたが、これはなかなか厳しいことになってしまったと思った。

今回の取材を通して一緒に行動することが多かったその通訳嬢は、立ち止まって考え込んでいるわたしにこう言った。

「ここまで拒否されるのは、韓国でも常識的に考えておかしいですよ。ここは白丁の集落だったのでしょう。ただ昔よりもすごく家が多くなっているので、白丁出身の人だけが住んでいるという状況ではないんじゃないでしょうか」

それは、そうかもしれない。もちろん推測の域を出ないのだが、やはり現在残っているのは純粋な白丁村というよりも、すでに一般地区との混住が進んでいる状態の住宅地であるということだ。

自分の生まれ育った土地を離れなかった人もいるが、離れた人も、そして新しく入って来た人もいる。移動も多かったが、田舎では地元民もいまだ多く住んでいる。そうして朝鮮戦争後の高度経済成長も手伝い、人々の白丁についての関心が薄れていったのだとした方が自然なのかもしれない。

そして、多くの人が住所探しを手伝ってくれたS市と、一切の取材を拒否した鳥致院の違いは、元々そこが白丁村かどうかという点で、どちらも象徴的なのかもしれない。

鳥致院での体験はわたしにとって、カメラを持って行って包丁を突きつけられた馬場市場での体験と、重なり合うものでもあった。

女が白丁なんて言うもんじゃない

鳥致院で受けた拒絶反応から、現在の白丁村の感触をつかんだわたしは、山道をぐるぐると回った山の中、ソウルからバスで二時間ほど行ったところに江原道Hという町を訪ねていた。ここは衡平社メンバーで、高麗革命党事件で逮捕され若くして亡くなった李東求《イ・ドンス》の故郷でもある。

肉牛の産地としても韓国内では有名で、町興しも兼ねて毎年九月下旬ころに「韓牛祭り」という肉のお祭りを開催している。二〇〇五年は九月二七日から一〇月三日までの一週間がお祭り期間だった。期間中は実に約三〇〇頭もの牛を屠畜して観光客に配ったが、それでも肉が足りないほどだったという。

食肉事業組合が経営しているという有名なレストランに食べに行ってみたが、霜降り部分と赤味部分がバランスよく混じっている、韓国人好みの良質な赤身肉であった。

町のことに詳しいという地元の人に、白丁について何か知らないかと訊いてみた。

「白丁なんかもういないけど、ここは肉牛が有名で食肉業者も多いから、それを悪く言う住民は今も多いね」

彼は初め「白丁はもういないし、彼らが住んでいたところも知らない」と拒絶の姿勢を崩さなかったが、一時間ほど雑談をしていると、ふとしたように口を開いた。

「……白丁村なら、U地区にあるKがそうだ。Uというのは〝牛を売っていた所〟という意味で、この地名がついているところにはたいてい、昔の白丁村がある。ただし、そこに行くのなら絶対『白丁』って言葉を使っちゃ駄目だよ。今はもうそういう時代じゃないし、それを気にする人もまだ住んでいるから……」

タクシーに乗ってU地区に向かう。タクシーの運転手にその場所について訊ねてみるが、「場所は知ってるけど、わたしはここの出身でないから詳しくは知らない」と話す。

多くの人にこうした質問をしてみたのだが、田舎であっても意外に地元以外の人も多いようだ。また逆に、他所の人間であるわたしに知らぬ存ぜぬを決めこんでいるのかもしれないが、このあたりの判断は大変、難しい。

川沿いの畑と隣接している、ちょっとした小規模な住宅地がUだった。Kというのは、その中の番地名のようであった。Uだけで家が百軒ほどあり、Kになると一〇軒ほどだろうか。

Kには細い路地がいくつかあるが、規模が小さいからか、そう家屋が密集している印象を受けない。地区内に牛肉専門のレストランが一軒あったが、閉店している。

どうしようかと、ぶらぶらと周囲を歩いていると、K地区の家から出てきたお婆さんがいたので話を聞いてみた。しかし「わたしは引っ越してきたばかりだから」と、まったく相手にしてもらえない。

こうした拒絶反応にはもう慣れていたので、違う家から出てきた他のお婆さんに話を聞いた。

「そう、ここがUだよ。わたしは五〇年前に嫁いできたからここで生まれたわけじゃないけどね。わたしが来たころは、もうここで牛を売っていたね。生きた牛も何頭か飼っていたねえ」

さらにあれこれ雑談してみるが、そう話すことがたくさんあるわけではないので、雑談の内容に少し困った。お婆さんも「あんたたちは何を聞きにきたんだい？」と訝《いぶか》しげにこちらを見る。

ここは他所の人も多いのかと訊くと「ほとんどが地元の人だ」と言う。そこで、さっき拒否されたお婆さんのことを聞いてみると「あの人は昔からあそこの家だ」と話してくれた。やはり見知らぬ人に対する警戒心がとても強いのだと、これでわかる。

もうさすがに雑談のネタも切れてきたので、思い切って「この辺りは昔、白丁たちが多く住んでいたところだと聞いたのですが……」と言ってみた。

するとお婆さんの温和な顔が、「あっ」という驚いた顔に変わった。

「そんなこと、ここで言うもんじゃねえ、住んでる人に聞こえちゃうじゃないかい！　もっと小さな声で！」

これにはわたしも通訳も驚いた。お婆さんは気忙《きぜわ》しそうに周囲を見回し、通訳嬢に向かって小声だが、鋭い口調でこう言った。

「あなたは女なんだから、そういうことを口に出すもんじゃない！　女が白丁だなんて言うもんじゃないよ！」

「では、ここは昔、白丁村だったんですね」

「だけど、それは昔の話だ。今は牛もいないし他所の人もここに引っ越してきてるから」

しかし、さっきは「ほとんど地元の人だ」と話してたじゃないか。通訳の間違いなのかと後で確認してみると、通訳は「いいえ、お婆さんは最初と後とでは、違うことを言ってました」とはっきり答える。

「周辺の人に差別されたりとか、苛《いじ》められたことなんてないよ。そんなことをここで話してもしょうがないし、今はただ静かに暮らしてるだけだよ」

さらに話を聞きたかったが、お婆さんは心配そうに周囲を気忙しく見回してばかりいる。わたしたちが何を聞きたいのか、はっきりわかったようである。その姿を見ているとわたしはどうにも気の毒になってしまった。結局、お婆さんに後で迷惑がかからないようにと、早々にそこから立ち去らざるを得なかった。

「答えにくいことを訊いて申し訳ありませんでした」と詫びると、お婆さんは「いいよ、いいよ。でもこの辺りでそういう話はもうしないほうがいいよ」と忠告するのだった。

ハンセン病と白丁

全羅道を訪ねる機会はあまりなかったので、良い機会だと思っていた。晋州からバスに乗って向かったのだが、高速バスがなく、ローカルバスでの移動となったので、距離的にはそうたいしたことないものの、二時間半もかかる。

この高興という、全羅道の中でも南端に位置する小さな町は、ハンセン病の隔離施設があったことで有名になった。海に隔てられてはいるが、比較的海岸近くにある小鹿島という島に戦前、日本が隔離施設を設立したことが始まりだ。二〇〇五年、ここに強制収容された韓国人のハンセン病患者らが日本政府に訴訟を起こしたことから、注目を集めるようになった。

日本ではハンセン病患者の住む集落と、被差別部落は統計的に同じように扱われてきた歴史がある。もしかして白丁と関係あるのかもしれないと確認してみたが、環境と交通の便から小鹿島が選ばれたということだった。

四時間ほどかけていろいろな場所で人に話を聞いてみたが、みな白丁村の存在については口を濁した。そうした意味では、江原道のある種アッケラカンと教えてくれた姿勢とは、明確に違う。非常に警戒心が強いという印象を受けた。

地元のことに詳しいという中年の男性にも訊ねてみたのだが、「よく知らない」の一点張りで、ここでは何一つ話を聞くことができなかった。韓国内でも、白丁差別は南部でより強かったといわれているが、そうしたことも警戒心につながっているのかもしれない。

わたしが礼を言ってバスターミナルに戻ろうとしたとき、わたしの背後で、その地元の男がぽつんとこう言った。

「そんな悪い場所のことなんか、ここら辺で誰に訊いたって教えるわけがないだろ」

ユッケでビルを建てた男

A市には第二次大戦前、衡平社の支部があった。

数千人の農民がこのA市の衡平社支部を襲撃した事件が起こったのは、一九二五年八月九日のことである。

この日、衡平社Ａ支部では創立二周年の祝賀式が盛大に行われていたが、その中で同市の青年会長が「白丁はその時代の国法で制定されていた制度であって、やむを得なかった」という旨の発言をしたため、会場内は不穏な空気が漂っていた。言論統制の時代だったため、この発言に反論した衡平社員一名が警察に逮捕されたが、会はなんとか無事に閉会した。

ところがその後、午後八時ころに約五〇〇人の農民たちが「白丁が生意気だ」と集まって衡平社を襲撃、衡平社もこれに抵抗して五名の負傷者が出る惨事となった。

さらに、翌日になって再び約五〇〇人の農民たちが集結して衡平社を襲撃した。しかしこの動きを事前に察知していた衡平社員も、こん棒と刃物を準備していたために現場は大混乱となり、再び四、五名の負傷者がでた。

ようやく重い腰を上げた警察は数人を逮捕して事件について調査を始めたが、双方の険悪な雰囲気は治まる気配を見せない。

衡平社側は、襲撃者たちの大半が農民だったことから、農業団体である労農会に警告文を送り、謝罪して関係者を処分しなければ徹底抗戦すると伝えた。これを受けた農民たちは激怒し、今度は数千人を集め、三度目の衡平社襲撃を実行したのだった。

このとき、同市を訪れていた衡平社リーダーの張志弼《チャン・ジピル》は全身を殴打されて意識不明。幹部の李東求《イ・ドンス》は両手を柱に縛り付けられたまま殴打され、「昔のような白丁に戻ります」という宣言を強要されたりする拷問を受けた。李東求は、先に訪ねた江原道H在住の衡平社員である。さらに農民たちは衡平社員の家々を捜索しては男女問わず捕らえて殴って歩いたという。

また衡平社と協力関係にあった新興青年会も襲撃、「新白丁を捕らえて殺そう！」と気勢を上げた。このため白丁や新白丁と呼ばれた協力者たちは生命の危険を感じ、山間部に避難して夜を明かしたという。

この事件は衡平社結成以来の大衝突事件となった。事件は国内でも多く取り上げられ、日本の水平社でも問題にされたほどであった。

このような大きな襲撃事件が起こったA市だが、現在は山の中にある簡素な田舎町だ。米はもちろんのことゴマ、唐辛子などが名産となっている。農業で成り立つ町であることは、八〇年前に起こった事件の頃とほとんど変わっていない。

これは偶然だが、わたしが町を訪ねた日も、市役所前で農民たちによる米の価格引き上げ要求デモが行われており、それがなんとも象徴的であった。

町の歴史に詳しいある男性を紹介してもらったので話を聞きに行くと、親切に事件の記録を調べてくれた。

それによると、衡平社員たちが祝賀会をしていたのはかつての中華料理店で、こん棒を持った衡平社員たちが集まった場所は、町の横を流れる川の河川敷だったことがわかった。

中華料理店はさすがにもうなくなっていたが、河川敷は駐車場になっているだけだったので、当時の様子も想像しやすかった。

町のかたわらに日本でいう一級河川が流れているのだが、その川の向こうが白丁村だとその男性は話す。彼は最初「ああ、白丁村なら知ってるよ」と話したがその瞬間、「知ってはいるけど、そんなこと教えられないよ。今でもその話に敏感な人が多いからな」と拒否した。

慶尚北道・A市の白丁村跡

しかしわたしが「自分も日本の白丁の出身なので事情はよく知っている。ただ韓国の白丁の現状を知りたいだけなのです」と説明すると、そう抵抗もなく教えてくれた。
「うん、白丁村はまだある。川の向こうがそこだ。他の地域の人も多少引っ越してきているが、ほとんど昔のままだよ。この白丁村に昔から住んでいる人について、具体的には知らないが、そこにPという牛肉専門の食堂がある。そこの経営者は代々ここの人で白丁だから、彼に訊いてみればいいんじゃないか」
わたしは礼を言って、歩いてその村へ向かった。それにしても「この食堂の店主は白丁だ」とはっきり言われたのには驚いた。

彼に教えられたところを訪ねてみる。橋を越えると小高い丘があり、中腹に寺がある。その下が、かつて白丁村と呼ばれたところだ。

白丁村には、昔から同じように迫害されていた仏教寺があることが多いのだが、地図で確認してみると、白丁村の周辺には寺が三つもある。

歩いてまわってみると、三〇から四〇軒ほどの家々が狭い地域に密集している。かなり古い家も多い。道路沿いに古い碑が建っているので、隣にあった店で訊ねてみると、昔、忠義を貫いたある女性を称えて建てられたものだという。

店は、道路沿いに釣具屋と食堂、自転車の修理屋が二軒。あとは、どうも閉店しているようだが、靴の修理とくず鉄屋を兼ねたボロ家が建っている。

そのボロ屋の玄関に、オンドルで使う練炭が積んであったので、通訳が「わあ、ここは町なのに、オンドルにまだ炭を使っているんですねえ」と驚いた。

食堂は「P食肉食堂」という看板を出していて、他には「ユッケ専門　ロース、サムギョプサル（豚のバラ肉）」とある。

町の人によればユッケでは大変有名な店で、ソウルからも食べに来る人がいるほどだという。現在の店は、白丁村から道路を挟んだ向かいにあるコンクリート造りの三階建てビルの一階だが、その前はかつての白丁村にある靴修理兼くず鉄屋の隣にあったという。

しかし、今やこの新築ビルすべてが、店主の持ちビルである。彼は白丁村のくず鉄屋の隣にある小さな店からのし上がった、立志伝中の人物なのだ。

店に入ると五人ほどの店員がいっせいに挨拶した。五〇人ほどが入れるからソウルでは中規模店にあたるが、この町ではもっとも大きな店だ。

ユッケは二五〇〇円ほどだから、田舎にしてはなかなか高い。しかし大きな皿で来るので、日本の量でいえば五人前以上はあるだろうか。良質な韓国牛の赤身だけを使っているので、清涼だが旨みのある味になっている。

ユッケが大好きだという通訳嬢も「ソウルの馬場市場でも、これほど美味しい店はないですよ」と高い評価だ。わたしも、これは異論がないほど素晴らしい味だと思った。

A市白丁村跡の路地。つきあたりが「P食肉食堂」

それもそのはずで、このユッケだけで、店主は白丁村の小さな店をビルに変えたのである。味もそうだが、その歴史と迫力が他とは違う。このように圧倒的な存在感のあるユッケを食べたのは、わたしも初めての体験だった。

食べた後、店主に話を聞いた。

手足が短くがっしりした身体つき

は、まさに肉体労働である肉屋の主人という風格をそなえていると思った。店の隣が食肉卸店になっていて、彼は今もそこで肉を切り分けている。

自分は成功したんだという、自信に満ち溢れた口調で彼は語った。

「店の従業員は全部で一一人いる。ここは小さな店から俺一代でようやく建てたビルなんだ。ああ、衡平社運動っていうのは聞いたことあるけど、昔の話だからよく知らないな。肉屋だからって差別されたり苛められたことはない。そんなこと今ここで言っても何も変わらないよ。八〇年前の襲撃事件というのも聞いたことがないねえ。苦労といえば、そんな差別よりも、店を大きくするまでが苦労の連続だったよ。今は事業も軌道にのっているから、もう大丈夫だ」

話を聞いた後、バスターミナルまで歩いていると、通訳が「あの店主さんは、話に全部答えてくれたわけじゃなくて、無視されたこともありました。それに衡平社を知っていて襲撃事件を知らないなんてことがあるでしょうか」と疑問を口にした。

「それはもう彼にしかわからないよ。そんなことよりもビルを建てて成功することが、彼にとっての最優先課題だったんだろう」

わたしはそう答えるしかなかった。

彼のビルは白丁村とは道路を挟んで対面に建てられている。小高い丘にひしめき合うように家々が並んでいる白丁村とは、なんとも好対照な風景だった。

差別という意味では、どうも町単位での偏見としてはなくなっていないと感じた。白丁出身者もほぼすべての人が「差別とかそんな話をしても何も変わらないから、仕事や勉強をがんばったほうが良い」という考えのようだ。

しかし、もし結婚差別などの事例が起こった場合はどう対処しているのだろう。おそらく徹底的に隠すのだろうけど。

町の人も「悪い場所だ」というだけで他所者《よそもの》には話すことがないので、一見《いちげん》でやってきただけではまったくわからなくなっている。だから温存されてはいるのだが、他所から来ただけではわからないから、それでいいのだ、静かにしておいてくれということなのだろうと思った。

再び晋州へ

晋州はすでに述べてきたように衡平運動発祥の地であり、そのため衡平運動に関係する史跡や資料が多い。そうした土地柄から、町の白丁村に関しても研究が進んでいるので、比較的簡単にその跡を歩くことができる。

わたしはここ晋州で、まずは墓参りに行くことにした。それは「新白丁」「共産主義者」と戦後、町の人々に罵られ死んだ衡平社リーダー・姜相鎬《カン・サンホ》の墓だ。

姜相鎬の墓は晋州市郊外の、バス通りを南下していく途中、畑の傍らにある。墓へ行く道の入り口には、姜相鎬の母の石碑もある。姜相鎬の母は慈善事業などに熱心で、姜相鎬自身にも大きな影響を与えた。その偉業を称え、世話になった人々がこの碑を建てたのだという。

墓のあるこの一帯もすべて姜家の所有だったが、衡平社などの社会運動のために彼がすべて売り払ってしまっている。残ったのは母の墓碑と自身の墓、それに若干の土地だけだったと、息子の姜寅洙《カン・インス》は話していた。この事実だけでも、姜相鎬が金に執着しない運動家であったことがわかる。

その運動の前衛性などを考えても、韓国現代史に名を残す人物であることは間違いあるまい。それなのに、韓国内でほとんど知られていないのは残念なことだ。

墓は道路からも見える、こぶのように小さな丘のふもとにあった。まだ新しく、きれいな御影石である。

これは戦後の迫害の影響や家庭の事情でしばらく法事などもできなくなり、後にどこに墓があるのかもわからなくなっていたため、二、三年前に新しく建て直したのである。

建て直したのは、晋州民族保存会事務局長のキム・ギョンハ氏ら有志である。キム・ギョンハ氏によると、ある匿名の人物の寄付により建て直したのだという。

「以前はこの現在の位置よりももっと奥にあると思われていたのですが、晋州市民の迫害のために荒れ果てて、まったくわからなくなっていたので、仕方なくこの位置に建てたのです」

そうキム氏はわたしに話した。わたしは迫害の原因について訊ねてみた。

「そうですね、理由は三つあると考えられています。まず第一にやはり衡平運動に対する反発でしょう。二つ目は第二次大戦末期、大同社（衡平社）として日本に飛行機を贈ったりしたため、親日だと見られた。三つ目は朝鮮戦争中、北の共産党に協力的だったということが理由だと考えられています」

これは戦後間もない韓国では、これ以上ないというほどの最悪の要素をすべてそろえている。残された家族の苦労は、想像を絶するものだったろう。わたしは持ってきた焼酎を墓に注ぎ、しばらく手を合わせた。

町に戻り、今度は衡平社設立祝賀会が行われた晋州劇場へ向かった。今は新しくビルが建ち、映画館になっている。場所は繁華街の中心にあり、韓国滞在中は何度かわたしもここに出掛けた。その映画館の入り口に、記念碑が建っている。

新しく建てられた衡平社設立記念碑

久しぶりに行ってみると、しかし、その当の碑が見当たらない。周囲の店の人に訊くとみんな一生懸命探してくれるが見つからない。いろいろと訊きまわっていると、化粧品屋の女性が教えてくれたので見つけることができた。それは地下であった。

映画館のエレベーターで地下に下りる。真っ暗だ。電灯のスイッチを入れて周囲を見渡すと、ただの物置になっている。まさかこんなところに、と通訳と二人でウロウロしていると、灯台下暗し、エレベーターのすぐ脇に、角材などと共に記念碑が置いてあった。石でできた記念碑の上には、情けないことに子どものスナック菓子の袋までのっている。

一階にある化粧品屋にもう一度詳しく訊くと、改装の時に邪魔だからと地下に移動させたらしい。後で設置場所を変えて保管される予定だということだった。

本当に再び設置されるのだろうかと少々疑っていたのだが、御影石だった記念碑は二〇〇四年、真ちゅう製のモダンなデザインの新しいものに作りかえられた。これは「近代社会運動の発祥地」晋州の誇りともいえる、立派な記念碑だ。

あとは「衡平運動記念館」の建設であろうが、これはまだ、もう少し時を待たなくてはならないだろう。

晋州には戦前まで四つの部落があったとされている。南江の南にあるM地区の南北に二つ、晋州城西側に一つ、そして町の東にあるO地区である。M地区を一つにして三部落と考えられることが多いようだ。

中でもM地区の白丁村は、古く大きいことで知られている。ここには白丁だけでなく貧民なども住んでおり、いわゆるスラム・貧民街化していたといわれている。他の二つの部落については、一八六三年の住居自由化後に、白丁たちが分かれて住みついてできたものだ。

まずは晋州白丁の〝本拠地〟だったM地区を歩いた。

晋州は普通に歩いただけでは何の変哲もない田舎都市であるが、実はその歴史と文化都市、学園都市としての街の性格から、どことなく上品な雰囲気が漂う。

線路を越えて晋州駅の裏側に出ると、簡素な住宅街が広がる。これとは反対の駅の表側に行くと遊郭跡があり、現在も日本で「ちょんの間」と呼ばれる簡易風俗街として成り立っている。

表側の淫靡な雰囲気とは反対に、裏側には駄菓子屋が一軒くらいしかない。本当に簡素な住宅地である。その道をまっすぐ西へ向かうと、M小学校の前に出る。この辺りが、かつて白丁村が広がっていた所である。

地形的には後ろにM山がひかえているから、町外れのドン詰まりという感じだ。この辺りが実に数百世帯の貧民街だったなんて、日本の東京・原宿が数十年前は畑ばかりだったのと同じように、ちょっと想像できない。どこにでもある住宅街にしか見えない。しかし通訳によると、この辺りは今も低所得者層の家が多いという。住民も、他の土地から移ってきた人がほとんどだという。

小学校の後ろ、M山の方に行ってみた。非常に急な傾斜で、しかも道が狭い。表通りでも車が一台通れるくらいしかなく、そこから細い路地が枝分かれしている。自転車に乗った子どもが、じっとわたしを見つめている。

住宅街を抜けると、短いが急な下り坂。ここからは農道になる。コンクリート地の細い道をまたしばらくのぼると、小さな空き地に出た。平行して延びていた車道は、ここからすぐ上にある寺へと続き、そこからM山の裏に回る。わたしは山の急な斜面を、ゆっくりと登った。

ふと振り返ると、小学校から晋州駅までが見渡せた。山の麓には、農家が二軒あるだけだ。

山の中腹から小学校にかけて、三角州状の畑が広がっている。五〇年前まではここで牛の皮をなめして干していた。

そのため、晋州では「渉川《ソプチョン》の牛も笑うよ」という言葉が今も残っているという。渉川とはここM地区の旧地名であり、姜相鎬が白丁のリンチ殺人を目撃した所でもある。

この白丁村跡には、戦前の記録では九〇三世帯の白丁が住んでいたとされている。そして一八六三年の住居自由化以後、彼らはここから町へと進出していく。

こうして山の中腹から町を望んで見ると、当時の様子が何とはなしに、想像することができる。ここから町や近隣の村々に、柳行李や籠、そしてさばいたばかりの牛の肉を頭にのせ、歩いて行商に出掛けていたのだろう。

空き地から山を見上げると、やはりここにも一軒の古い寺が建っている。白丁村には寺が多いが、前述したようにそれは当時の韓国で仏教が迫害されていたからだ。昔は僧も賤民身分であった。そのため白丁部落と同じ場所に建てられたのだ。

晋州・M地区

この寺に上がって話を聞く。最初は「日本人か」と和気あいあいとした雰囲気だったので、大丈夫そうだなと思って白丁の話を切り出した。

するとその途端に「わからない」を連発され、以降はまったく話してくれなくなった。挙句には、さっきまで「日本にも行ったことがありますよ」とにこやかだった尼僧に「まだいたのか、早く帰れ！」と怒鳴られてしまうほどであった。

わたしと通訳はその剣幕に驚いて、早々に寺を出なければいけなかった。

通訳嬢が「礼を尽くして接しているのに、なぜそこまで言われるのでしょう」と、腹立たしさと悔しさから泣き出してしまった。鳥致院の白丁村跡を取材したときと同様の拒絶反応である。

この態度から見て、やはり触れてほしく

ないのだと感じた。史実としてここがかつて白丁村のあったところだということはわかっている。鳥致院の白丁村跡と同じ反応であることは決して偶然ではないようだ。

寺を出ると、町から来たおじいさんやおばあさんが杖を片手に、白い息を吐きながら山頂へ続く山道を登っていくところに出会った。登山ブームとあって、ソウルでなくても中高年層がトレッキングシューズを履いているのをよく見かけるようになった。

もう一度、麓に目をやる。小学校の校庭が陽の光に映えて眩《まぶ》しい。ここに大規模な白丁部落があったことなど、想像もできないほどのんびりした風景である。

気を取り直して再び、畑で作業していた三人のおじさんに話しかけた。

この畑はかつて、白丁たちが生皮を干していたところだ。通訳はまだ目を赤くはらしていたので無理かと思ったが、「大丈夫です」と、気丈にも通訳を続けてくれた。

しかし三人のおじさんたちも、世間話には気さくに応じてくれるのだが、「この辺りに昔、白丁たちが住んでいたと聞いたのですが」と切り出すと一瞬にして顔が曇り「知らない」と言ったきり、一切何も話してくれなくなる。これ以上ここにいて険悪な雰囲気になるのを避けるため、わたしと通訳は早々にその場を離れた。

白丁たちが町へ移住する直接の理由は商売と生活の便宜上からであろうが、現代でもこのような状況にあるというのに、戦前の日常的に差別を受けていた頃の町への移住は、相当覚悟が必要だったのではないか。解放令も出たことだし、同じ人間として町に移住するのは当然だと、理想に燃えた白丁も中にはいたかもしれない。

晋州O地区から町をのぞむ

しかし小さな町だから、彼らは町の東西の隅っこに小さな部落をつくって住むことになる。そしてその一つは洪水で流され、戦前に早くも消滅している。

その洪水で全滅した、町の西側にあった部落跡へ行ってみる。来た道を戻って晋州橋を渡り、すぐに左折してまっすぐ行けば城に出る。その城の後ろ、西の方角が白丁村跡である。

今は立派な道ができてガソリンスタンドが建ち、その裏には「現代建設」による高級アパートが建ち並んでいる。わたしが最初に晋州でお世話になったある大学教授も、このアパートに住んでいる。そのすぐそばにはガブエル・ガーデンという、晋州一の高級レストランがある。景色の良いところだ。

洪水に流されたというだけあって、その白丁村跡は南江のすぐそばにある。現在ではここにも橋が架かり、交通量の多い場所となっている。

昔はここに橋はなく、当時この場所は町外れだった。現在、川のほとりには毎年一度のお祭りのときに使う闘牛場がある。闘牛は現在でも二カ月に一度程度、開かれているという。

この闘牛場の周辺は埋め立て地で、昔は川の中だった。だから白丁部落があった当時は、そのすぐそばまで川がきていた。大洪水のときは町中も水浸しになったというから、川のそばではひとたまりもなかったのだろう。流された後、部落が再建されることはなかった。今その面影といえば、この闘牛場くらいだろうか。

最後に、町の東にある村跡へ行ってみた。ここは峠の近くで、O地区と呼ばれている。晋州一のホテル、東邦ホテルから徒歩で五分ほどだ。

この峠はこのまま小高い丘を越えて隣町へと延びている。車道を自転車で上るが、急な坂道が続く。峠の頂からは陰になって見渡せないので、少し降りて中腹から村跡を眺める。

やはりここもM地区のように、三角州状に山に向かって家々が建ち並んでいる。

違うのは、M地区は畑で、こちらは住宅街というくらい。地形的にはほとんど違いがない。ただここは住宅街のため、規模的には同じはずなのだが、M地区よりも非常に狭

O地区の家並み

く押し込められているという感がある。その奥まった先に仏教寺があるのも全く同じだ。その寺から町に向かって家々が延びていっている、という概観である。流れる水のように家々は晋州市内へと流れ込んでいる。峠からはそれが美しく見渡せた。

このマルチ峠から町中にかけての地域がO地区と呼ばれており、ここは白丁村だったところとして、今も地元住民の間で知られている。それを教えてくれたのはある大学生で、彼女は代々続く晋州の名家の人だった。「あの辺りには今も白丁が多く住んでいる」と、わたしに話してくれたのである。

「誰から聞いて知ったの」と訊ねると、両親から聞いたと彼女は答えた。

他所からの混住が進んでいるのでわかりにくくなってはいるが、今もここに白丁の子孫たちが多いのは事実のようだ。現在、この付近は晋州市内でも低所得層が多く住んでいる。慶尚大学の金仲燮《キム・ジュンスプ》教授の白丁への聞き取り取材も、この地で行われた。

こうして白丁村跡を歩いていてわたしはふと、日本の部落解放の父と呼ばれる松本治一郎の座右の銘「貴あれば賤あり」という言葉を思い出していた。

なぜ日本に被差別部落が残っていて、韓国はここまで薄れてしまったのか。ぼんやりとしたこの根源的な疑問が、「貴あれば賤あり」という言葉とともに、ふいに鮮明に思い出された。もしかしたら、その答えはここにあるのではないだろうか、と。

それというのも韓国は一九一〇年の日韓併合で王朝が解体され、第二七代・純宗皇帝を最後に、皇帝はおかれていない。つまり侵略してきた日本によって王朝は解体されてしまったのだ。

翻《ひるがえ》って日本には、今も天皇を頂点とする皇族が存在し、皇室を保護するための行政機関である宮内庁まである。この違いはもしかしたら、白丁と被差別部落の違い、そのものなのかもしれない。

松本治一郎の「貴あれば賤あり」という言葉が正しいとすれば、幽霊のような存在になってしまった韓国の白丁と、今も存在し続ける日本の被差別部落。この日韓の違いはそのまま、天皇制の有無によって見事に当てはまることになるのではないか。

つまり松本治一郎の言葉をそのまま当てはめれば、日本では天皇制があるので被差別部落はまだあるが、反対に韓国には皇帝がもういないので、賤民である白丁は幽霊のような存在になってしまった、ということができる。

　これは「論理上のお遊び」なのか、それとも「真理」なのか。

　もちろん、日本の被差別部落が存続し続けている原因は他にいくらでもある。そして白丁差別が食肉業者差別へと転化した過程には高度経済成長と、朝鮮戦争という国家を二分する大混乱が関係している。これらが白丁解体の大きな原因になったことは、ほとんどの韓国人識者が指摘していることだ。

　しかし、こうしてわたしが韓国を歩いた感じでは、まだ白丁村はあると思った。

　もちろん、白丁として生きた年代層が高齢化しているためにその白丁村という概念そのものが消滅しつつあるし、「話を聞くのは非常に難しい」と韓国人が言うくらいだから、その存在を詳細なインタビューによって明らかにすることは、今の時点では不可能に近いことだ。これは白丁たちが、徹底して自分たちの身分を隠し続けてきたからに他ならない。これはわたしも身をもって実感してきたことだ。それでもひっそりと、ソウルでも田舎でも、白丁村という場所、そして白丁という幽霊は、人々の中に生きている。

　それにしても、かつて住んだ土地を離れた白丁たちはいったい、どこへ行ったのだろうか。この町のどこかへ融け込んでいってしまったのだろうか。しかしそれは鄭棟柱氏の言うように「木の葉を揺らす風」のようなもので、それを云々するのはただむなしいことなのだろうか。

O地区の路地

では我が祖国日本はどうなのだろうか。日本の被差別部落も、やがてはそのすべてが「木の葉を揺らす風」のような存在になるのだろうか。

　わたしは自転車にまたがり、峠から眼下に見えるO地区に降りてみた。かつて白丁たちが集団で住んでいたその地には、今は白壁の家がひしめき合い、そのために陽の光が遮断され、その路地は薄暗かった。

　そこへ自転車を滑り込ませた。路地は人一人通れるくらいの幅だった。ふと横を見ると、汚い顔をした子どもが、軒先に出てわたしを見つめていた。昔の写真に出てくるような洟《はな》たれ小僧だ。わたしは辺りの路地をやたらに走り回った。

　やがてそれに飽きると、わたしは自分のアパートに戻った。もう、荷物をまとめて行かなければならなかった。自転車をバスターミナル近くの、二四時間営業の食堂の前にとめる。この食堂の二階が、この数カ月間、わたしの借りていた部屋だった。

　いろいろなことがわかったが、しかし、わたしの心はまだ霞がかかっているかのようだった。

それは白丁差別という、観念的で混沌としたものに対して、明確で論理的な答えを出したいとあがいているからかもしれない。または、その鵺《ぬえ》のような存在に対して、考えあぐねているだけなのかもしれない。

しかし、わたしにはわかっていた。

どうして白丁や、被差別部落があるのだろうか。なぜこのような差別があるのだろうか。そんな人間というものに対する根元的な疑問のために、実際に白丁村を歩いて考えているというのに、常にわたしの心の中には霞がかかり、まだ自分の心が満たされずにさ迷っているのだ。それがわたしにわかる唯一のことだった。

白い吐く息の向こう、陽気の中で、ついさっきまで走り回っていた路地に続く道を、わたしは振りかえった。

白丁たちの面影は、唯一その路地にあると思った。

旅を終えて

白丁差別はあるのか、それともないのか。

この問いに対する答えを求めて続けてきた旅だったが、材料としてはまだまだ不完全なものだという自責の思いが今も胸に去来する。

しかし、そんな状況でもはっきりしたことは「白丁差別は今もある」ということだ。

まず結婚差別については、日本とほぼ同じ状況だといえる。しかし、日本の比ではないのは、それらが大変見えにくいものに変化しているということだ。韓国人の多くが指摘するように、誰が白丁なのか、非常にわかりにくくなってしまっているのだ。これは白丁たちが徹底的に「寝た子を起こすな」で沈黙し、住居も変えてきたことによる。

さらに内戦後の混乱と高度経済成長によって、それまであった白丁が「幽霊」となり霧散したことは、韓国でも作家や研究者たちが指摘するところだ。

しかしそれは白丁という存在が見えにくくなり、その差別が表面に出ることが稀になったというだけのことで、決して差別がなくなったわけではない。そして白丁村は今も一部で存在している。もちろんそれは昔のままの姿ではなく、現代的に、混住がすすんだ姿で残っている。さらに白丁村に引っ越してきた人たちの多くは、他の地域からきた比較的貧しい人たちである。

そして、この旅に出る前にもっていたテーマ、解放運動の日本と「寝た子を起こすな」の韓国、この双方の比較であるが、最終的に、わたしには「どっちもどっちだ」という感想だけがある。

まず前提として、当然のことではあるが単純な比較はできない。戦後、二国間の歴史はまったく違うものになっているからだ。

それを踏まえたうえでの結果だが、どちらも、長所と短所が残っている状態だった。長所でいえば、日本は人権意識の高まりを見せ、韓国の白丁は見えない存在になった。

そして短所でいえば、日本では解放運動が力をもつと同時に同和利権などというものを生み出し、また部落問題を堂々と論じることが困難な状況になってしまった。確かに解放運動の高揚は日本人に高い人権意識をもたせる役目を果たした。しかしそれは同時に、表現の制限や人権を盾にしたさまざまな問題を新たに生み出すことにもなっている。

一方の韓国では、白丁問題をうやむやにしてきたこともあり、人権問題への取り組みが遅れている。もちろん近年の韓国内での人権問題への取り組みは注目に値するものだが、白丁解放運動の消滅は、それらを一〇年遅らせたといっても過言ではないだろう。

そして結果的には、解放運動を推進してきた日本には、いまだ多少なりとも部落差別は残っているし、韓国も状況は違うとはいえ白丁差別は一部で残っている。

しかし、わたしが思う日韓「どっちもどっちだ」という感想は、実は「差別がまだ残っているのでどっちもどっちだ」という意味ではない。

わたしが思ったのは、日韓の部落民と白丁たちはどちらも、必死で差別と闘ってきたのではないかということだ。

解放運動を闘ってきた日本の部落民は、世代と時代が変わった今日、さまざまな矛盾が噴出しているにしろ、各々が命と金と人生を賭けて差別と立ち向かってきたことに間違いはない。

命を賭けてということは、つまり初期の解放運動が文字通り命がけの闘いだったということ。そして金というのは、当初の運動家たちは事業で儲けた自分の身銭をきって解放運動を推進してきたということ。そして、人生すべてを解放運動に賭けてきた者たちがいた。それもひとえに、厳しい差別からの被差別部落解放を夢みてのことだ。

一方で韓国の白丁は、その厳しい社会環境の中で解放運動を継続できないとみるや、必死になって出自を隠し経済面からの差別脱却を目指した。食肉関係など、以前からの仕事が変えられなかった場合でも、自分の子には勉強させて、現在の境遇からの脱出を図った。住んでいるところで差別されれば、そこも変えた。馬山の鄭さんのように「資本主義の韓国では、金さえあれば両班なんか目じゃないんだ!」そう唱えながら仕事と勉強に励んだ。

経済力により差別を克服するというこの姿勢は、世界各地の被差別民に共通した方向性だ。それが、韓国の高度経済成長の一翼を担ったのかもしれない。大げさだとは思うが、そう想像することは痛快ですらある。

つまり、出自を必死に隠して経済力をつけていった白丁たちの、それが彼らなりの「戦後の解放運動」だったのだと、わたしには思えてならない。立場や方向性、そして国は違っても、被差別民たちは〝それぞれの解放運動〟を突き進んできたのではないか。もちろん経済的に成功できなかった白丁たちも多くいただろうが、結果的には地元から白丁出身の名士的人物が誕生することで、溜飲を下げたのではないだろうか。

解放運動の重要性については、わたしも認識している。しかし果たして日本が、第二次大戦後、韓国のように国土を二分する内戦に突入し軍事政権を持つに至ったとしたら、水平社運動は今日のように発展できただろうか。

白丁たちの解放運動とは、数々の弾圧とそれに続く内戦を「寝た子を起こすな」で耐え抜き、経済力で差別を撥《は》ねつけることだったのではないか。白丁たちは、そのような激動のなかを彼らなりの論理と行動で時にはしたたかに、時には差別され挫折しながら切り抜けてきたのではないだろうか。

朝鮮戦争後の不安定だった韓国の政情の下では、それが彼らなりの命と金と人生を賭けた闘いだったと、わたしには思えてならないのだ。

しかし日韓ともに、いまだ歪《いびつ》なかたちで差別は残っている。そうした意味では両国ともにもう一度基本に立ち戻り、それぞれの人権的取り組みをしていかなければならない。

それらの努力を経てはじめて、日本の被差別部落と韓国の白丁は、怪しげな幽霊などという存在ではなく、ただの〝風〟になっていくのだとわたしは思う。

戦後六〇年余。

何度でも書くが、結果的には日韓ともに、いまだ歪なかたちで被差別部落、白丁差別は存在している。それはこうした身分・家柄差別が、いかに解決の難しい問題なのかということを物語っている。

そんな差別を克服するには、白丁と被差別部落民たちは、ともにまだもう少し、それぞれの闘いをしていかなくてはならないのだろう。

あとがき

中学生か高校生のころに白丁という存在を知ったのだが、まさかここまで白丁に関わるとは思ってもみなかった。

物書きになったのも、もともとはそれが独りでできる解放運動だと思ったからだ。今は物書きという表現活動がとても面白くて、仕事とも思っていないほどである。だから書くことが解放運動だなどという大それたことはもうこれっぽっちも思っていないのだが、こうして被差別部落について書くときには、今もなんとなくそうしたことが念頭にある。それは処女作『被差別の食卓』（新潮新書）でも書いたとおりだ。

被差別部落というのは、日本でも全国的な問題ではあるのだけど、日常的には非常に局地的な問題でもある。例えば被差別部落がぽつんとあったとしたら、その周囲二キロほどの人しか知らない。そのため周囲二キロに入っていない人には、実感がわかないことが多い。とくに北海道や東北、沖縄の人たちにはわかりにくいと思う。

だからわたしはいつも、部落問題は日本全国にあるが、実質的、具体的にはきわめて局地的な問題なのだと言っている。それが部落問題をわかりにくくしている原因の一つだ。それは韓国も同様である。

前作でもそうだったが、今回、韓国の白丁を書こうと思ったのは、そんな日常的には局地的な狭い問題として触れられている部落問題を、もう少し広い場所で捉えてみたかったのである。異国の地から被差別部落を見たらどうなるのだろうかという、試みの二つめでもあった。

しかし、韓国でやり残したことはたくさんある。その昔、白丁とともに蔑視されてきた才人《ジェイン》、広大《クワンデ》などの芸人集団の末裔たちについて取材できなかったのは残念なことであった。「韓流ブーム」といわれる現象が起こり、韓国の俳優たちの人気が日本で高まっている今こそ、韓国芸能のルーツに取り組めば良かったのかもしれないが、不器用にも細々と白丁について話を聞いて歩くのが精一杯であった。また機会があれば白丁はもちろん、芸人集団についても取り組んでみたいと思う。また、北朝鮮に住む白丁の子孫たちについて知る術がないことも、残念なことだった。

本書を書くにあたっては、多くの人に協力していただいた。とくに作家・鄭棟柱氏にはさまざまな助言をいただき、その多くは本書にも引用、反映させていただいた。資料面では本多和明氏に多くの示唆をいただいた。また当時晋州にお住まいだった成松しのぶさん、ソウル在住だった大塚薫先生、安い通訳料で一緒に遠隔地へ出かけてくれた李相沃さんをはじめとする通訳の方々にも感謝したい。

本書の取材中に亡くなられた辛基秀氏には、貴重なアドバイスをいただいた。また不遇のうちに殺された誇り高き「最後の白丁」金永大氏。彼の存在が、本書執筆のきっかけになったといっても過言ではない。慎んでお二人のご冥福をお祈りし、本書を捧げたい。

追記　取材で話を聞いた方々の年齢や肩書きは取材当時（一九九九～二〇〇五年）のものです。また一部の人を除き、基本的にすべて仮名としました。

韓国再訪二〇一四　新装版のためのあとがき

二〇〇六年に本書を出してから、すでに八年がたった。

当時、また二〇代だった私は、この本がきっと評判になってくれるに違いないと思っていた。だから足りない分は自費を出し、韓国内の風俗取材もいれてカストリ雑誌からの少ない原稿を充てながら、五年かけて取材したのであるが、その結果は、まったくの無反応であった。本自体は完売したものの、増刷はされなかった。確か初版は五〇〇〇部だったと覚えている。

当時の私はそれがなぜなのか、全くわからなかった。日本の路地（同和地区）のことさえまだ書くのが憚《はばか》られた時代にあって、海外の、それも隣国韓国の白丁を書くなどということは、広く読者に受け入れられることなどあり得ないことなど、想像だにしていなかった。海外の路地であれば、まだタブーも少ないから出版できるくらいにしか考えていなかった。

もっとも多かった批判は「マニアック過ぎる」、「テーマがマイナー」というものだったが、私はそういうものかなと思った。今でも一般論としては理解できるが、根本のところでは、決してそうではないと考えていたからだ。

ただ私自身、何も省みなかったわけではない。この本では「部落解放運動の総括と今後」をテーマの一つにしたと末尾に記してあるだけに、テーマ全体についての考察が狭窄なものになってしまったという憾みが残っている。この本を上梓して以後、私はそうした自分にこびりついた旧来のイデオロギー、思考方法、センチメンタルな感情の一切を排するようになるのだが、それもこの本で得た教訓であった。

しかし内容については、これからも続く普遍的なテーマであると考えている。だから敢えて表現は当時のままとした。目次に大幅な入れ替えがあるが、これは読みやすさを考えて構成を変えただけで、内容は旧版と違いはない。

今回新装版を出すにあたって、編集部の要望で私は一〇年ぶりとなる韓国再訪を果たした。

釜山

二〇一四年三月二五日、午後三時三〇分。私は韓国釜山に降り立った。レンタカーをピックアップして、その日は釜山に泊ることにする。釜山は泊るだけだったから、とりあえず海雲台《ヘウンデ》（釜山の温泉地）にある東横インに入った。今回の旅が、以前と違うのは、レンタカーを借りているということと、編集者が付いてきてくれているということだ。

私が最後にこの空港を発ったときから、ちょうど一〇年という月日が経っていたが、それはつい最近のような気もするし、ずいぶん昔のことようにも感じる。二〇代後半のほぼ全てを、この本のための旅に費やした。五年の歳月をかけ、実質一年以上をこの取材に賭けた。なぜそこまでしたのか、改めて考えてみたのだが、やはりそれしかできなかったのだろう。日本を深く掘り下げるには私はまだ若く、経験が浅かった。海外で不自由ではあるがやりがいのある取材をしている方が、良い修行になったのだと思う。

今回の旅は、本書で取材した地がいまどうなっているのか確かめるべく、釜山からソウルまで四泊五日で縦断することにあった。取材する日以外は退屈で、晋州の河川敷で一人、バスケットボールをしていたことが夢だったような、何とも忙しい旅になるだろう。

釜山は、いつも取材するときの出入り口だった。何より私が本拠地としていた晋州に近かったからだ。しかし経由地だからせいぜい一泊か二泊するくらいで、釜山のことは何も知らない。それは釜山が歩くには大きい都市だったというだけのことで、また私には日本に比べて安いタクシーを使う金もなかった。

以前、行きたくて行けなかったところが、釜山の色街である。そうした悪所に興味はあったが、やはりこれも言葉の問題と、何より金がなかったので行く機会がなかっただけだ。釜山の色街というと、昔ながらの風情を残しているのに玩月洞《ウォヌルドン》がある。私は編集者と一緒に食事を取ってから、その玩月洞に出かけた。

玩月洞というのは、大阪の飛田のようないわゆる「ちょんの間」だ。三〇分ほどで軽くすませる所だ。

あいにくの雨で、玩月洞を軽く歩くということもできなかった。タクシーで一軒の店に横付けしてもらい、そこから客寄せのばあさんに連れられて店に上がった。店は六畳くらいの広間があり、そこに隣接して、これも六畳ほどのガラス張りの部屋があり、そこから女性を選ぶ。

久しくしていなかった私も行きたかったが、生来の貧乏性と、値段交渉の煩雑さがその気を起こさせなかった。三〇分で八〇〇〇円ほどだというので、とりあえず編集者に行ってもらうことにして、私は呼び込みのばあさんと長イスに座って待つことにした。

雨の玩月洞《ウォヌルドン》は、平日とあって訪れる人もまばらだった。外にひょいと顔を出すと、同じような店が何軒も並んでいる。

一〇年前で錆ついている片言の韓国語でおばさんと雑談していると、おばさんは渋い顔で「雨だから客が少ない」ということをこぼした。私はタバコに火をつけ、イスに座って黙って表を見ていた。残った女性たちは、飛田のように若くて美しい子ばかりだ。おばさんが紙コップに入った甘いコーヒーを持ってきてくれた。これはサービスとしてよく韓国で出るインスタントコーヒーだ。屠場を取材してるときも、職人から同じように甘ったるいコーヒーをもらった。そんなちょっとしたことを懐かしく思った。

私は雑談の合間に、玩月洞についていろいろと訊ねた。

「私たちは日本人だ。だから支払いが高くなることはよくわかっているつもりだけど、韓国人だといくらになるの」

「韓国人だと三〇〇〇円だね。あんたはその金額でいいから、一緒に入ればいいのに」

だいたい三倍のぼったくりか。しかし三〇〇〇円とはやはり安い。私はもう四〇歳になっていた。もう元気がないよと、ばあさんにつぶやく。

「ここも最近、手入れがあってね。店もだいぶん減ったよ」

「おばさんはどうして辞めないの」

「やめて何をするんだい」

それもそうだなと思い、私は甘いコーヒーを口に運んだ。

やがて戻ってきた編集者は「部屋に入ると値段がどんどん上がっていくから、参りましたよ」とこぼした。

晋州、泗川

取材当時、私は晋州にアパートを借りて暮らしていたが、そのアパートは、下にあった食堂も含めてまだ残っていた。史跡である晋州城の前には、衡平社創立記念の立派な像が今も残っている。私はかつて一〇回以上、晋州城に遊んでいたので、編集者が見学している間、タバコをふかしながら城の前で待つことにした。晋州は一〇年前と、何も変わっていなかった。小雨が降る中、ウナギ屋が並ぶ晋州の川辺を見ていた。ところで釜山と晋州の間に、馬山という町がある。そこには私を屠場に案内してくれた鄭ヨンテ氏がいる。白丁の末裔である夫人と結婚し、「お金さえあれば白丁差別なんて関係ないよ。私は白丁の大統領だ」と豪快に笑った人である。

彼を探して連絡をとってもらったのだが、一〇年ほど前に他界してしまったという。当時、全ての取材を終えて新宿で呑んでいた私に「ツアー旅行でいま大阪に来ているから、会えませんか」と連絡してくれたのがちょうど一〇年ほど前のことだ。私はそのとき、多少無理をしてでもヨンテ氏と会っておくべきだったと後悔の念にかられた。私は鬱《うっ》ろげになり、とても晋州城を気楽に回れる気持ちにはなれなかった。

晋州では、白丁村跡に立ち寄った。山の斜面は変わらず一面の畑だったが、今ではまだ低かった木々が生い茂り、眺望がきかなくなっていた。当時、尼僧に追い出された寺を再び訪ねたのだが、住職はあいにく不在だった。覚えていたよりも、ずいぶん寺が大きくなっている。後で聞くと、建て増しして幼稚園を併設しているという。受付の若い女性に、あきらめ半分で「この辺りは昔、白丁村だったと聞いたのですが」と話すと、彼女は気にする風もなく「そう聞いていますけど、今は関係ないですよ」と堂々と言うので驚いてしまった。若いからこそ、べつに気にしないで素直に答えてくれたのかもしれない。帰り際、通訳は「彼女はおそらく、ここで生まれ育ったのだと思いますよ」と言ったが、確かにそうなのだろうと思った。

晋州南部にある町、泗川《サチョン》には白丁に詳しい作家、鄭棟柱氏がおられる。当時、鄭棟柱氏は解放同盟、人権研究所などから盛んに接待されていて、解放出版社からは書き下ろしの小説『神の杖』も出版されていた。私もそのつてを頼って鄭氏の元を何度も訪ねてロング・インタビューを重ねたのだが、金がなく、釜山で出会った日帝時代の片言の日本語ができる老人を通訳として連れてきた私に「彼の通訳では心もとない。日本語のできる知人を呼んであげるからもう一度来なさい」と親切に言ってくれたことは忘れられない。インタビューの後、夫人とともに珍しいドジョウ鍋の店に招かれたとき、私が山椒を入れようとすると顔をしかめて「とても辛いから少しにしなさい」と、まるで父親のように接してくれた。

また鄭氏はその頃、頻繁に訪れていた解放同盟関係者の依頼でいろいろな史跡、白丁に由来する場所に案内する手伝いをしていたのだが、これは韓国のことをよく理解してほしいと思って請け負ったのだった。謝礼も当時のことだから、決して少なくなかったと思う。

しかし私がおこなったインタビューでは、解放運動についての辛辣な意見も多かった。韓国の軍事政権下で弾圧された作家生活を送り、被差別民を心から理解しようとしてきた鄭氏からすれば真摯な思いだったのだろう。解放出版の幹部が女性イラストレーターを連れて訪れた際も、「白丁なんてもういないし、差別もない」と追い返したこともあった。私は帰国後、その当の幹部から「なぜ鄭氏は上原にあれだけ話して、私たちには

晋州の白丁村跡

何も話さなかったのか」と問われ、「物見遊山で大金を使って行っても、何も話してくれないのは当たり前でしょう」と言い放ったので、これ以来、私も含めて鄭氏も解放同盟から嫌われることになる。

若気のいたりとはいえ、私はこのような事態を想定していたので、鄭氏をそんな日本国内のつまらない事情に巻き込みたくないという思いから、インタビュー内容の変更、つまり解放運動について批判している箇所の削除を提案したのだが、鄭氏は「いや、そのまま出していい」と許してくれた。私はこのとき、職業作家でありながらも、鄭氏のそんな潔い態度に尊敬の念を抱いたのだった。

そうした事情から、韓国再訪の目的の一つに鄭氏との再会を入れていたのだが、鄭氏はちょうどヨーロッパに遊ばれているということで、お会いできなかったことはとても残念なことだった。通訳を通した電話で私が「当時の取材では大変お世話になりました。感謝しております」という思いを伝えると、鄭氏は笑いながら「じゃあ、あのときの借りを返してくれよ」と答えたのだが、それはおそらく、本書が出てから日本、解放同盟との通信が途絶えたことを指しているのだと思う。今でも私は自分勝手なことを仕出かしたことを、鄭氏に申し訳なく思うことがある。

清州と醴泉

清州は最後の白丁、金永大氏がかつて住んでいた小都市で、ソウルから一五〇キロほど南部にある。今回の旅のもう一つの目的は、この金永大の遺族に借りていた写真を返却することも含まれていたが、一〇年前のことでもあり、滞在期間内ではとても探しきれなかった。これも非常に残念なことだった。一週間もあれば探せると思うのだが、たった一日の滞在では無理だ。今回は諦めざるを得なかった。

その代わりというこどもないのだが、本書では仮名にした慶尚北道の醴泉《イエチョン》にあるユッケ店「ペクス食堂」に寄ることができた。ユッケだけでビルを建てた白丁の末裔の店である。

本書では筋骨隆々だった店主は、大病を患ったということでかなり痩せたが、健在だった。当時のインタビューでは果たせなかったが、今回はいろいろと話を聞けた。

「この店でビルを建てたのは本当だよ。人に言えない苦労もたくさんしてきたからね。私のユッケがおいしいのは、まず牛肉の熟成加減、そして独自の切り方にあるんだ」

　私が白丁差別について訊ねると、店主は自信をもってこう答えた。

「確かに二、三〇年前まではいろいろ言われた。結婚することも難しかったが、今はだいぶんマシになったよ。うちの息子も銀行に勤めていたが、この店を継ぐために一年前に銀行を辞めて、店を手伝ってくれている。昔だったら考えられないことだがね」

　出してもらったユッケは、一〇年前に食べたものとはずいぶん変わったように見えた。本書の取材当時はもう少し厚切りで、トコロテンくらいの太さがあり、日本のユッケと比べて生々しかったが、出されたものは日本のものよりさらに細切りになり、しかも捻れるように切っている。どのようにすればこのような切り方になるのか私にはわからなかったのだが、店主の言う通り、この切り方に触感の秘密があるのだろう。店主は一〇年前のユッケに満足することなく、さらに創意工夫を加えて、自らのユッケを進化させつづけてきたのだ。私はこのこだわりに、白丁の末裔としての店主のプライドを感じた。

醴泉、ペクス食堂のユッケ

　一〇年前は高級店だったので、昼間の客はまばらだったが、現在は昼でもひっきりなしに客が訪れている。ユッケ単品だと二五〇〇円ほどと高価だが、ユッケ・ピビンパプだと一〇〇〇円ほどで食べられるということもあって、客は上品そうな夫人たちから道路工事夫まで、いろんな階層の人々が訪れている。事情を話して、店名を公表してもいいかと訊ねると、店主は笑いながら「日本の皆さんにきていただけるのは光栄だ」と快く承諾してくれた。

当時はわからなかったのだが、この「ペクス食堂」のペクスとは、日本でいうと「白手」と書き、失業者や無職、または学校や会社などに所属していない状態といった意味になるという。通訳も「韓国でも聞いたことがない、珍しい店名です」と話す。店主はもしかしたら、白丁であることから逃げていたものの、この店で身を立てるときに初心を忘れないようにしたのではないかと、私は想像したりした。安易なようだが、「白い手」というのが何となく「白丁」を連想させたからだ。

安東の河回村

観光地で有名な安東《アンドン》に行くのは初めてだった。観光地に興味がないというよりも、当時は金がなかったので来る機会がなかった。今回ここに立ち寄ったのは、今日まさに河回村《ハフエマウル》で仮面劇をやるというので、ペクス食堂から近いこともあり、私たちは急遽、河回村に寄ることにしたである。

白丁が登場する河回村の仮面劇

仮面劇は本書でも記してある通り、韓国の伝統芸能で、この仮面劇には必ずといってよいほど白丁が出る。着グルミで登場した牛を殺して解体し、この睾丸を持って歩いて「いりませんか、精が出ますよ」と観客の笑いをとる道化役だ。映像とセリフの翻訳は見て知っていたが、実際の仮面劇を見るのは初めてだったので、これは嬉しい偶然だった。

観客を退屈させないように、いくつかの寸劇で構成されているのだが、その寸劇の一つが白丁の話だ。

私は取材当時、職人が多く集まり、骨董市場でもあるソウルの仁寺洞で白丁の仮面をもとめたのだが、このとき見せてもらった白丁の仮面は、ちょっと見たところ、貴族階級である両班の仮面とまったく変わらなかった。そこで不思議に思い、仮面を彫っている職人に「どこが違うのですか」と直接訊いたところ、彼は笑いながら「顔のつくりは同じだけど、両班の頭はきれいに丸くなっているでしょう。でも白丁の仮面は、頭が少しだけへこんでいるんですよ」という説明を受けたので、非常に驚いたことを覚えている。

しかしこの日の仮面劇のパンフレットには、白丁の仮面は彫りが深く、普通の仮面よりも狡猾さが出ているとある。確かに実際に仮面劇を見ていると、両班のとは全く違う表情で、道化をさらに強調するように作られていた。

仮面劇は、両班など偉そうにしている人々への風刺がこめられている。この風刺がさらにいきるためには、白丁も両班も同じ人間であるのだから、同じ作りの仮面にする必要がある。白丁の仮面が少し歪んで作られているのは、同じ顔だけど人々から差別されているという意味がこめられている。だから仁寺洞の職人の話の方が本当のところだろうと思う。しかし河回村で週四回行なわれている仮面劇では、観光客にもより違いをわかりやすくするため、ことさら狡猾な表情に作ってあるのだと私は思った。

またこれは違う話だが、女が小便をしたあとを、寺の僧がその小便が沁み込んだ土をすくい、臭いをかいで興奮する寸劇もあった。儒教の国である韓国は、仏教を弾圧してきた歴史をもつ。そのため白丁村にはだいたい、同じく差別されてきた寺が建てられている。僧をことさら好色に演じることで、破戒僧を風刺し、仏教の欺瞞を表現しているのだが、こうした韓国の宗教的、歴史的背景を知っていないと、ただの変態が出てきて笑いをとっているようにしか見えない。それにしても、変態の描き方にもいろいろあると思うのだが、女の小便した後の土をすくって臭いを嗅ぐという発想の奇抜さには苦笑いさせられた。

河回村から離れ、ソウルに着いたのは、もう日が暮れる頃だった。私はこの短い旅に疲れきっていて、巨大都市ソウルをまわる気になれなかった。ホテルの部屋にこもり、ただ部屋の窓からソウルの喧騒を眺めていた。ソウルは晋州のような田舎町とは違い、高層ビルが建ち並び、様々な店もがずいぶんきれいになっていた。いま日本は嫌韓の風潮がはびこり、韓国では相変わらず反日感情が盛り上がっているという。しかしこの短い旅の間でも、韓国の庶民の底抜けの親切心は変わっていなかった。それがわかっただけでも、満足していた。そして私は、この韓国の白丁をめぐる長くも短い旅が終わったことにも満足していた。

文庫版あとがき

本書は、私がまだ若いと言われていた時期を費やして取材し、自信をもって書き上げたルポルタージュだが、出版当時はまだ日本国内の被差別部落をテーマにすることも難しかった時代であることを考えれば、かなりマニアックといわざるを得ないテーマだったこともあり、全く売れず評価もされなかった。古書は高値になり、長年にわたり珍奇本という扱いを受けていた。

さらにこうした二国間にわたるタブーをテーマにした本を、ミリオン出版というこれまたエログロ・ナンセンスを売りにした出版社から出すというのも暴挙であった。しかし根拠のない自信に満ち溢れていた当時の私は、中身さえ良ければ版元はどこでもいいと本気で思っていた。

私の本は二冊ほど韓国語訳されているので、本書もきっと韓国語訳されると思っていたのだが、よくよく考えれば、韓国のタブーを日本人が取材した本書を訳して出そうなどと思う物好きな韓国人はおらず、どこへ行っても扱いに困られてしまうのが本書の宿命だった。

やがて日本に嫌韓、嫌中の風潮が蔓延《はびこ》るようになると、単に韓国に材をとったからという理由でミリオン出版から再販されることになったが、これも全く評判にならなかったことは、敢えて述べるまでもない。

また売れない本は、だいたい編集部によってタイトルを変えられてしまうのだが、この本だけは三回もタイトルを変えられてしまった。それは「コリアン部落」→「韓国の路地を旅する」→「幻の韓国被差別民——「白丁《ペクチョン》」を探して」という具合である。私の本で三度もタイトルが変わったのは本書だけであるが、これもまったく売れなかった悲しい背景があったからだ。

手前勝手なことを申せば、しかし本書は、私にとって掛けがえのない作品だった。物書きになろうとしていたとき、採算度外視で無我夢中で本書に取り組めた私は果報者だった。本書は出来の悪い子かもしれないが、出来の悪い子ほど可愛いというのは本当のことだと今は実感している。

同時期に取材していたデビュー作『被差別の食卓』（新潮新書）も海外に材をとった作品だが、こちらは少し売れたことを考えれば、本書は影のデビュー作ともいえる作品だと思う。俗にデビュー作にはその作家の全てがあると言われるが、その伝でいえば本書はまさに影のデビュー作でもある。

ところで私はいま、精神薬・睡眠薬中毒から脱するために湯治場で療養中の身であるが、48℃の強酸泉に三週間浸《つ》かりつづけるという荒行を続けた結果、右手が激痛で動かなくなり、股間や脇がひどくただれて悶絶する毎日である。しかしおかげで八年ぶりに薬抜きで眠ることができた。元気になったら、また本書のような売れるあてのない本を自費でコツコツと取材し、書くことができるのではないかと思い始めている。

いまは生活のために売れる本を書きたいと切に願い、そのために頑張ってもいるのだが、元気になったらなったで、また一介の物書きとして生活をも無視した本書よりもさらにマニアックな、読者諸氏を拒絶するような本を書きたいという野望もムラムラと沸き起こってしまうのだった。本書を初心として、今後も無様に生き残った書き手の矜持を示したい。

このような著者の思い入れたっぷりの出来損ないを拾い上げ、立派な文庫に仕立ててくれた河出書房新社の西口徹氏には、いくら感謝してもし切れない。まさに私のような小僧にとっては神様のような人である。最後にこのような感謝の言葉を記しても決して媚《こび》にはあたるまい。

二〇一八年師走　群馬県草津町にて

上原善広

〔引用・参考文献一覧〕

本文が煩雑になり一般書として読みにくくなることを避けるため、すべての引用文末に文献名を記すことはしませんでした。本文中で引用し、参考にした文献は一覧の通りです。そのすべてに敬意を表し、記して感謝します。

●「晋州大観」勝田伊助
●「朝鮮風俗集」今村鞆
●「慶南の民権運動」崔正守　小西敏弘訳
●「世界史における身分と差別」部落問題研究所編
●「アジアの聖と賤」野間宏・沖浦和光　人文書院
●「ヒューマンライツ」一二二、一〇三、一一〇号　部落解放・人権研究所
●「韓国民俗への招待」崔吉城　風響社
●「恨の人類学」崔吉城　平河出版社
●別冊解放教育「差別とたたかう文化」一二三号　差別とたたかう文化会議編　明治図書出版
●「日韓若者交流ツアー報告書」報告・レポート　部落解放同盟和泉支部
●「図説水平社運動」解放出版社
●「神の杖」鄭棟柱　解放出版社
●「山河ヨ、我ヲ抱ケ」上下　ハンギョレ新聞社編　解放出版社
●「朝鮮半島と日本列島を通底する文化」前田憲二（沖浦和光編　解放出版社「日本文化の源流を探る」より）
●「近世朝鮮の身分制度と差別法」関西大学人権問題研究室紀要第一九号　関西大学人権問題研究室
●「朝鮮の被差別民衆・『白丁』と衡平運動」部落解放・人権研究所
●「朝鮮の被差別民衆」金永大　解放出版社
●「朝鮮の『身分』解放運動」衡平運動70周年記念事業会編　解放出版社

●「朝鮮の賤民制度一、二」鄭棟柱
●「壬辰倭乱」国立晋州博物館
●「衡平運動」金仲燮　解放出版社
●「問い直す差別の歴史」小松克己　緑風出版
●「アリラン峠の旅人たち」安宇植　平凡社
●「アリラン峠をこえて」辛基秀　解放出版社
●「大同社・衡平社について」池川英勝
●「高麗末期・朝鮮初期の禾尺・才人」浜中昇　朝鮮文化研究四号・東京大学文学部朝鮮文化研究室
●「朝鮮通信使」辛基秀　明石書店
●「辛基秀と朝鮮通信使の時代」上野敏彦　明石書店
●「朝鮮通信使」日韓共通歴史教材制作チーム　明石書店
●「『賤民』の文化史序説──朝鮮半島の被差別民」野村伸一（「排除の時空を超えて」岩波書店より）
●「アジアの身分制と差別」沖浦和光　寺木伸明　友永健三編　解放出版社
●韓国ドラマ・ガイド「宮廷女官チャングムの誓い」前編　NHK出版

＊本書は、上原善広『韓国の路地を旅する』（ミリオン出版、二〇一四年六月刊〔元本は『コリアン部落──幻の韓国被差別民・白丁を探して』二〇〇六年五月刊〕）を改題して文庫にしたものです。

幻《まぼろし》の韓国《かんこく》被《ひ》差《さ》別民《べつみん》
「白丁《ベクチョン》」を探して

二〇一九年 一 月一〇日 初版印刷
二〇一九年 一 月二〇日 初版発行

著 者 上原善広《うえはらよしひろ》
発行者 小野寺優
発行所 株式会社河出書房新社
〒一五一―〇〇五一
東京都渋谷区千駄ヶ谷二―三二―二
電話〇三―三四〇四―八六一一（編集）
〇三―三四〇四―一二〇一（営業）
http://www.kawade.co.jp/

ロゴ・表紙デザイン 粟津潔
本文フォーマット 佐々木暁
本文組版 有限会社マーリンクレイン
印刷・製本 中央精版印刷株式会社

Printed in Japan ISBN978-4-309-41662-5

性・差別・民俗

赤松啓介　41527-7

夜這いなどの村落社会の性民俗、祭りなどの実際から部落差別の実際を描く。柳田民俗学が避けた非常民の民俗学の実践の金字塔。

被差別小説傑作集

塩見鮮一郎　41444-7

日本近代文学の隠れたテーマであった、差別・被差別問題を扱った小説アンソロジー。初めてともいえる徳田秋声「藪こうじ」から島木健作「黎明」までの11作。

部落史入門

塩見鮮一郎　41430-0

被差別部落の誕生から歴史を解説した的確な入門書は以外に少ない。過去の歴史的な先駆文献も検証しながら、もっとも適任の著者がわかりやすくまとめる名著。

差別語とはなにか

塩見鮮一郎　40984-9

言語表現がなされる場においては、受け手に醸成される規範と、それを守るマスコミの規制を重視すべきである。そうした前提で、「差別語」に不快を感じる弱者の立場への配慮の重要性に目を覚ます。

貧民に墜ちた武士　乞胸という辻芸人

塩見鮮一郎　41239-9

徳川時代初期、戦国時代が終わって多くの武士が失職、辻芸人になった彼らは独自な被差別階級に墜ちた。その知られざる経緯と実態を初めて考察した画期的な書。

賤民の場所　江戸の城と川

塩見鮮一郎　41052-4

徳川入府以前の江戸、四通する川の随所に城郭ができる。水運、馬事、監視などの面からも、そこは賤民の活躍する場所となる。浅草の渡来民から、太田道灌、弾左衛門まで。もう一つの江戸の実態。